心配から尻尾を振ることへ

Tim Shine

I0336949

Buy Me Now Co.

編集者: Nivol Redan
内装&カバーデザイン: Brita Zoland
出版社: Buy Me Now Co.

本書の内容は、医学的アドバイスとして役立つことを意図したものではなく、獣医師や関連専門家に直接的または間接的に相談することなく、犬の身体的、感情的、または医学的問題を治療するために何らかの技術を使用することを推奨するものではありません.著者は、あなたとあなたの犬を助けるための一般的な情報を提供することを目的としています.憲法上の権利を行使して、この本の情報をあなたの犬に適用することを選択した場合、著者も出版社もあなたの行動に対して一切の責任を負わないことに注意してください.

心配から尻尾を振ることへ、犬たちの暗黒面を探検する/ Tim Shine - 第 1 版.
ISBN: 978-0-6458916-7-6
1. ペット / 犬 / 品種 2. ペット / 犬 / トレーニングおよびショー 3. ペット / リファレンス
テーマ: ペットとしての犬、世界

Buy Me Now Co.がティム・シャインに捧げるプリンス賞.

Editor: Nivol Redan
Interior & cover design: Brita Zoland
Publisher: Buy Me Now Co.

The content in this book is not intended to serve as medical advice or to advocate for using any technique to treat physical, emotional, or medical issues in dogs without consulting a veterinarian or relevant experts directly or indirectly. The author aims to present general information to assist you and your dogs. Should you choose to apply any information from this book to your dog, exercising your constitutional rights, please be aware that neither the author nor the publisher assumes any responsibility for your actions.

From Worries to Wags, Explore the Dark Side of Dogs' Life / Tim Shine – 1st Edition.
ISBN: 978-0-6458916-7-6
1. Pets / Dogs / Breeds 2. PETS / Dogs / Training & Showing 3. PETS / Reference
Thema: Dogs as pets, World

Prince Award dedicated to Tim Shine by Buy Me Now Co

この本は現在、スペイン語、フランス語、ドイツ語、オランダ語、イタリア語、日本語、中国語を含む複数の言語に翻訳されています. この本の翻訳を決定したのは、世界中の愛犬家からの圧倒的な需要と、世界中の犬の健康を確保し保護するという共通の目標によって決まりました. この貴重なリソースをより多くの人々が利用できるようにすることで、さまざまな文化の犬の飼い主や愛好家が、愛する毛皮で覆われた仲間に最善のケアと理解を提供し、世界的な知名度を獲得できるようにしたいと考えています. 一緒に、世界中の犬の生活にプラスの影響を与えましょう.

この本のそれぞれの翻訳を見つけるには、次の ISBN コードを使用してください. 専用コードをオンライン検索に利用したり、書店に提示して目的の翻訳を見つけることができます.

言語	書籍名	ISBN 番号
英語	From Worries to Wags	978-0-6458916-0-7
スペイン語	De las Preocupaciones a las Movidas de Cola	978-0-6458916-1-4
フランス語	Des Inquiétudes aux Remuements de Queue	978-0-6458916-2-1
イタリアの	Dalle Preoccupazioni alle Scodinzolate	978-0-6458916-3-8
ドイツの	Von Sorgen zu Schwanzwedeln	978-0-6458916-4-5
オランダの	Van Zorgen naar Kwispels	978-0-6458916-5-2
中国語	从焦虑到摇尾巴	978-0-6458916-6-9
日本の	心配から尻尾を振ることへ	978-0-6458916-7-6

翻訳者注:

本書の翻訳はソフトウエアを使用して作成されており、人間による翻訳は行われていません．ただし、すべてのセクションをレビューするために多大な労力を費やしました．これは、英語以外の言語を好む読者の利便性を考慮して提供されています．一部の単語やフレーズは英語では正確な意味を伝えられない場合がありますのでご注意ください．内容をより正確に理解するには、本書の英語版を購入することを強くお勧めします<u>**．出版社は英語版と他の翻訳版との間の相違について責任を負いませんのでご了承ください．**</u>

本にはいくつかの役立つウエブサイトリンクがあります。ウエブサイトの翻訳の支援には、Google 翻訳の使用方法に関するページ 235-236 のガイドラインを参照してください。

ご理解とご支援を賜りますようお願い申し上げます．
Buy Me Now Co.

Translator's Note:

The translation of this book was produced using software and has not undergone human translation. However, we have invested significant effort in reviewing all sections. It is offered to serve readers who prefer a language other than English for their convenience. Please note that some words or phrases may not convey their exact meaning in English. For a more precise understanding of the content, we highly recommend purchasing the English Edition of this book. <u>**Please note that the publisher is not responsible for any discrepancies between the English Edition and other translated versions.**</u>

There are several useful website links in the book. For assistance with translating websites, please refer to the guidelines on pages 235-236 on how to use Google Translate.

Your understanding and support are greatly appreciated.
Buy Me Now Co.

心配から尻尾を振ることへ
犬たちの暗黒面を探検する

愛犬家必携のガイドブック

目次：

私の思いやりのある娘へ、

この本は、私と同志であり、声なき人々の擁護者であるあなたに捧げます.あなたの動物に対する限りない愛はいつも私にインスピレーションを与えます.この本が導きの光となり、あなたや他の人が犬の人生に変化をもたらす力を与えることができますように.変わらぬご配慮に感謝いたします.

限りない愛と賞賛を込め

著者メモ

ワンワン！_こんにちは、私は犬です、私はパグです.私の名前は**プリンスです.**

このしっぽを振る包括的なガイドでは、あなたの忠実で愛情深い仲間である私が、犬の不安の複雑な世界への旅にあなたを導きます.私たちは一緒に、犬の不安の根本原因を嗅ぎ分け、さまざまな品種のさまざまなレベルを調査し、私の不安を急上昇させる可能性のある行動を明らかにします.この冒険を通じて、不安の兆候や症状についての貴重な洞察が得られ、引き金を解読して私の経験を真に理解できるようになります.

でも心配しないでください、親愛なる飼い主さん、私はあなたをぶら下げたままにしませんから！私の不安を和らげ、震える足に平安をもたらすための実践的な戦略をあなたに提供します.穏やかな環境を作ることからポジティブな強化テクニックを採用することまで、私の精神的な健康をサポートする鍵を見つけることができるでしょう.そして、私の心配を軽減してくれる気の利いた製品のことも忘れないでください.不安を和らげるさまざまなツールを詳しく紹介し、投薬や専門家の介入についても説明します.

第 10 章にある各犬種の不安の概要を必ずチェックしてください.そして、どう思いますか?第 14 章では、品種固有のページがあなたの好奇心を待っています.スクリーンショットもいくつか撮ってきました.本当の宝物はこれらのページを読むことにあります.飛び込んで、しっぽを振る冒険を始めましょう！

ああ、でも待ってください、親愛なるオーナー、私はあなたのことを忘れていません！私の不安があなたの心の琴線に触れ、時には圧倒されてしまうことがあるのは理解しています.だからこそ、あなたの健康に特化したセクションを設けました.私に最善のケアを提供するには、あなた自身の感情のバランスが不可欠であることを認識し、セルフケアとサポートに関する指導を行っています.対処戦略を採用し、必要なときに助けを求めることの重要性を思い出してください.

この冒険が終わるまでに、あなたは知識の宝庫と、私をより幸せでよりバランスの取れた人生へと導く実用的なツールがたくさん詰まったツールボックスを手に入れることになるでしょう.私たちは一緒に、信頼、思いやり、理解に基づいて築かれた調和のとれた絆を紡いでいきます.

この本は一般的なガイドとして機能し、専門家のアドバイスに代わるものではないことに注意してください.私独自のニーズに合わせた個別の指導については、必ず獣医師または認定動物行動学者に相談してください.

だから、リードをつかんで、この旅に参加してください.私たちは一緒に不安を克服し、しっぽを振る喜びの世界を作りましょう!

尻尾を振りながら少し緊張しながら、

王子

(Prince)

気になる作者さん！

worriestowags@gmail.com

謝辞

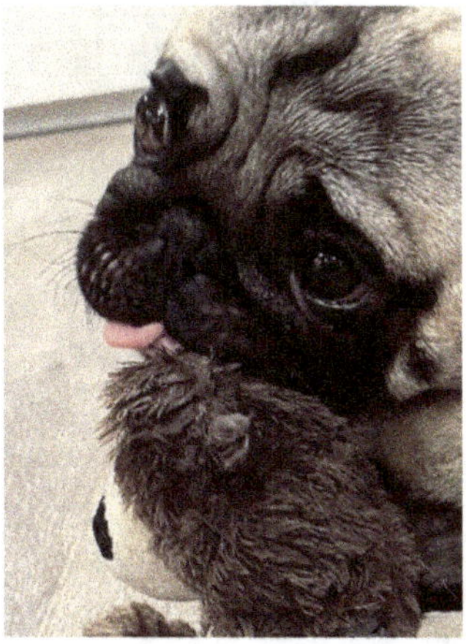

ワンワン!ワンワン!素晴らしい仲間たち全員にしっぽを振ってご挨拶します! この素晴らしい本の実現に協力してくれた方々に、心からの感謝を捧げる時が来ました.彼らのサポートと愛がなければ、私の知恵をあなたたちと共有することはできませんでした.そこで、私の素晴らしい存在たちに特別なエールを送ります.

何よりもまず、私の人間の相棒に多大なよだれがかかるだろう.彼は忍耐強く私の鳴き声を言葉に入力し、私の犬の思考をこれらのページに命を吹き込んでくれた.あなたの素晴らしい献身と絶え間ないお腹のマッサージのおかげで、この旅全体を通して私のモチベーションが保たれました.

近くにいる人も遠くにいる人も、犬の友達の皆さん、あなたは尻尾を振ることと無条件の愛で毎日私にインスピレーションを与えてくれます.あなたの励ましで私の気持ちは高揚し、私たちは一緒にいるということを思い出しました.好奇心旺盛な鼻と楽しい跳ね返りで世界を探検し続けましょう!

知恵と専門知識を共有してくれるすべての獣医師と動物行動学者に敬意を表します.私たちの健康と福祉に対する皆さんの献身は本当に素晴らしいです.あなたの指導は、数え切れないほどの子犬と彼らの人間がより幸せでよりバランスのとれた生活への道を見つけるのを助けてきました.

出版社と編集者の皆様、私の本を信じて、輝ける機会を与えていただきありがとうございます.皆様のご支援とご指導は非常に貴重であり、私の冒険を世界と共有する機会を与えていただいたことに永遠に感謝しています.

、自分の話を共有してくれたすべての犬にしっぽを振り、前足でファイブを与えることを忘れることはできません.これにより、これらのページにさらに真実味が加わりま

す.あなたの経験は私の心を動かし、私たちが毛皮で覆われた存在として直面する恐怖、不安、そして勝利に取り組む本を作成するよう促しました.

最後になりましたが、親愛なる読者の皆さん、私と一緒にこの旅に出てくれて心から感謝します.私たちに対するあなたの愛と、私たちの生活を改善するための献身的な姿勢に、私は喜んで尻尾を振ります.この本があなたに貴重な洞察をもたらし、私たちをより深いレベルで理解するのに役立ち、四本足の仲間と共有する絆を強化することを願っています.

Pixel、Pixabay、Unsplash の Web サイトで、私の仲間の犬種の美しさを撮影してくれたすべての才能ある写真家に心から感謝します. 彼らの素晴らしい写真は、これらの毛皮で覆われた友人たちに命を吹き込み、私たちに彼らのユニークな特徴を理解させます. カメラをクリックするたびに人間と犬の間の素晴らしい絆が表れており、多様で魅力的な犬の世界を共有する上での彼らの貢献に感謝しています. ワンワン!

覚えておいてください、毛皮で覆われた友人、私たちは一緒に、しっぽを振り、無限に寄り添い、そしてたくさんのおやつで満たされた世界を創造することができます.ポジティブさを保ち、愛を受け入れ、どこへ行っても喜びを広げ続けてください.

限りなく尻尾を振り、感謝の気持ちでいっぱいです.

あなたの毛皮のような作者
王子
Prince

発行者注記

親愛なる愛犬家の皆様

この本の注目すべき著者、不安な犬の**王子を紹介しましょう**.プリンスは神経質なところがあるかもしれないが、騙されないでください.プリンスの経験と不安を抱えた旅は、彼に不安を抱える犬の世界に対する独自の洞察を与え、この重要なテーマについてあなたを導くのに最適な代弁者となっています.

出版社として、私たちはプリンスの本と、不安を抱える犬とその人間の仲間たちの生活に変化をもたらすという彼の揺るぎない決意に魅了されました.私たちは、実用的な解決策と真の理解を提供しながら、犬の不安の複雑さに取り組む包括的なリソースの必要性を認識しました.

プリンスの信頼性と共感性が、この本を本当に特別なものにしているのです.彼は自身の不安を通して犬が直面する課題に光を当て、読者が不安から生じる感情や行動を理解できるように支援します.彼の個人的な逸話や経験は、犬と人間の両方の共感を呼び、共感と思いやりを育みます.

私たちの編集者と専門家チームは、提供される情報が正確で有益でアクセスしやすいものであることを保証するために彼と緊密に協力してきました.犬の不安に対処することの重要性は、犬の全体的な健康や人間の仲間との絆に大きな影響を与える可能性があるため、私たちは犬の不安に対処することの重要性を理解しています.

私たちは、この本が犬の飼い主、獣医師、トレーナー、そして心配している毛皮で覆われた友達をサポートしたい人にとって貴重なリソースになると信じています.プリンスのユニークな視点と専門家のアドバイスや実践的なヒントを組み合わせて、犬にとって調和のとれた不安のない環境を作り出すのに役立つ包括的なガイドを提供します.

この本の達成目標は世界的に認知されることであり、現在、スペイン語、フランス語、オランダ語、イタリア語、日本語、中国語を含む複数の言語で入手可能です.さらに多くの言語をリストに追加する予定です.この本の翻訳を決定したのは、世界中の愛犬家からの圧倒的な需要と、世界中の犬の健康を確保し保護するという共通の目標によって決まりました.この貴重なリソースをより多くの人が利用できるようにすることで、さまざまな文化の犬の飼い主や愛好家が、愛する毛皮で覆われた仲間に最善のケアと理解を提供できるようにしたいと考えています.

一緒に、世界中の犬の生活にプラスの影響を与えましょう.出版社としての私たちの使命は、ポジティブな影響を与える声を増幅させることですが、プリンスのヒントは私たちの心に深く響きました.私たちはプリンスと提携してこの本に命を吹き込み、彼の心からのメッセージを世界に共有できることを誇りに思います.

Buy Me Now Co.

序文

不安にしっぽを振る冒険

ワンワン！ _犬ファンの皆さん、こんにちは！ 私は**プリンスです**.始めましょう…

あなたが忠実で愛情深い毛皮で覆われた友人である私と寄り添っていると想像してみてください.突然、耳が高くなり、尻尾が垂れ、愛らしい顔に不安の表情が浮かび上がりました.私の大切な子犬の心の中で何が起こっているのかと疑問に思ったかもしれません.どうすれば彼らの不安を和らげ、安らぎの場を作ることができるでしょうか?

恐れることはありません、人間の友人たちよ！私たちは一緒に不安という魅力的な世界を探索し、その秘密を解明し、私に慰めと平安をもたらす戦略を明らかにしていきます.

樹皮、樹皮！私と同じように、どの犬もユニークな個体であることを理解しています.遊び心のあるプードル、威厳のあるレトリバー、いたずら好きなテリアのいずれを飼っていても、この本は私たちに合わせて作られています.さまざまな犬種が経験する不安レベルを詳しく掘り下げて、私の特定のニーズをよりよく理解できるようにします.雷雨のときに不安になったり、新しい状況に直面したときに震えたりする理由にもう困惑する必要はありません.

しかし、待ってください、まだあります!私があなたに送るかもしれない不安の兆候や信号を解読します.私の心臓の高鳴りから、微妙な尻尾のたまり込みや震える足まで、私の体の秘密の言語を明らかにします.私の非言語的な合図を流暢に理解できるようになれば、あなたは私が切望するサポートと快適さを提供できるようになり、不安な瞬間を勇気と自信に変えることができるでしょう.

ワンワン！ _それでは、私の不安の根本原因を掘り下げてみましょう.分離不安（私を一人にしないでください！）から騒音恐怖症（花火、誰か？）、社会不安（新しい毛皮で覆われた友達を作る時間です！）まで、あらゆるものを探っていきます.また、過去のトラウマ的な経験の影響や、自分の中に残るかもしれない恐怖についても触れていきます.一緒に、私の不安なエピソードの背後にある理由を明らかにし、私が安全で安心できる世界を作るために取り組んでいきます.

不安にしっぽを振る冒険

さあ、不安を軽減する魔法を解き明かしましょう！落ち着く環境を作り、ポジティブな強化トレーニングテクニックを使用し、敷物の中にいる虫のように心地よく過ごせる一貫したルーチンを確立するためのヒントをいくつか紹介します.居心地の良いサンダーシャツや魅力的なインタラクティブなおもちゃなど、私の不安を和らげ、犬の心に平和をもたらす素晴らしい製品をいくつか見つけてみましょう.

でも、ちょっと待ってください、時にはもう少し追加のサポートが必要になることもありますが、それは問題ありません.私たちは投薬と専門家の介入の領域への旅に乗り出します（深刻な叫び声を合図に）.いつ薬が必要になるかを説明し、専門知識を提供できる素晴らしい行動学者やトレーナーを紹介します.圧倒的な不安から解放された生活を送るために必要なケアとサポートが確実に受けられるようにします.

ああ、そして私の素晴らしい人間の仲間であるあなたのことも忘れないでください！不安を抱えた犬の世話は困難な場合があることを私たちは知っています.そのため、セルフケアとサポートに関するセクションを追加しました.私たちは、皆さんが不安に満ちた世界の浮き沈みを乗り越えて私を導いてくれるスーパーヒーローでありながら、健康を育むための備えを整えていただきたいと考えています.

それで、私の不安へのこのスリリングな冒険に乗り出す準備はできていますか?しっぽを振ったり、吠えたり、一緒にページをめくりましょう！この本を読み終える頃には、あなたは私たちの不安についてより深く理解し、実践的なヒントが詰まったツールキットを手に入れ、四本足の友人に対する愛と思いやりに満ちた心を獲得できるでしょう.

ちなみに、あなたの素晴らしい犬を見つけやすくするために、私の毛皮で覆われたすべての友達が各章でアルファベット順にリストされていることを確認しました.特徴、健康、ウェルネス、または不安の兆候に関する章で犬種を調べている場合でも、興味のある犬種をすぐに見つけることができます.嗅ぎ回って時間を無駄にする必要はもうありません.

各章をめくっていくと、それぞれの魅力的な品種に関する情報の宝庫が見つかります.それで、尻尾を振ってあなたの心を溶かしてくれる完璧な仲間を見つけるためのエキサイティングな旅に乗り出す準備をしてください.楽しく検索してください!ワンワン!

第1章

犬の不安の世界を解き放つ

犬の不安な心を理解する

ワンワン！ _親愛なるオーナー様、私たちの素晴らしい冒険のスリリングな第一章へようこそ！ 私はあなたの忠実で愛らしい毛皮で覆われた友人であり、犬の不安の魅力的な世界を案内するためにここにいます.私はあなたの言語を話せないかもしれませんが、私の行動やボディランゲージを通じてあなたとコミュニケーションをとります.不安に襲われると、しっぽが足の間に挟まり込んだり、耳が後ろにピンと張ったり、足が微妙に震えたりすることに気づくかもしれません.これらは、私の心をとらえる不安を表現する私の方法であり、あなたがその不安を乗り切るための信頼できる味方になってくれることを期待しています.

犬の不安な心の複雑な仕組みを真に理解するには、不安に寄与するさまざまな要因を調査する必要があります.人間と同じように、私も遺伝学と人生経験が独特に混ざり合って、私という人間を形成しています.私たち犬の中には、遺伝的構造により不安を感じやすい犬もいますが、過去に私たちの精神的健康に悪影響を与える経験をした犬もいます.

でも、恐れることはありません、親愛なる飼い主さん！ 自然と育成がすべてではありません.私が住んでいる環境も、私の不安レベルを決定するのに重要な役割を果たします.突然の変化、大きな音、見慣れない顔、さらにはあなた自身の行動さえも、私に不安を引き起こすことがあります.だからこそ、あなたが私のために安全で安心なスペースを作り、私たちが一緒に人生を歩む際に安定と安心感を提供することが重要です.

私の素晴らしい人間の仲間であるあなたは、理解と思いやりの世界を開く鍵を握っています.私の微妙な合図や信号を解釈する方法を学ぶことで、私の不安の言語を解読することができます.体が緊張していることに気づいたり、私の目は神経質に動き回っていますが、それはあなたの優しいサポートと理解が必要なサインです.心地よい感触、穏やかな声、心地よい存在は、私の荒れた心を和らげるのに不思議な働きをします.

しかし、それは単に自分の不安を認識するだけではありません.それは、根本原因とトリガーをより深く掘り下げることです.背筋がゾクゾクするのは雷雨でしょうか? それとも、大切な仲間であるあなたと離れることへの恐怖でしょうか? これらの引き金を特定することで、私たちは不安を軽減し、安心感を得ることができる戦略を一緒に開発することができます.

親愛なる飼い主さん、私の守護者としてのあなたの役割は、私が恐怖を克服するのに不可欠であることを覚えておいてください.忍耐、共感、一貫性が成功の鍵です.私たちは一緒に、不安を引き起こすものを制御されたポジティブな方法で紹介しながら、徐々に暴露する旅に乗り出します.そうすることで、あなたが私を守り、あらゆる段階で導いてくれると知り、立ち直る力と自信を築くことができます.

冒険を続ける中で、分離不安、騒音恐怖症、社交不安など、不安に関連する多くのトピックを探っていきます.この分野の専門家からの貴重な洞察を明らかにし、不安を克服した心温まるストーリーを共有し、精神的な幸福への旅をサポートする実践的なテクニックを発見します.

この旅は私だけの問題ではなく、私たち自身の問題であることを思い出させてください.私の不安を理解することで、私の生活の質が向上し、私たちの絆が強化され、絆が深まるでしょう.一緒に、私が成長し、あなたのそばで最も幸せな犬になれる、調和のとれた愛情に満ちた環境を作りましょう.

それでは、犬の不安の複雑さを解明しながら、足をつないでこの並外れた冒険に乗り出しましょう.あなたが私を理解し、サポートすることに尽力していることを知って、私は興奮して尻尾を振りました.私たちは力を合わせて、あらゆる恐怖を克服し、あらゆる困難を乗り越え、愛、信頼、そして終わりのない尻尾を振る喜びに満ちた世界を創造していきます.

さまざまな品種に特有の不安レベルを調査する

まずは、私たちの多くに影響を与える一般的な不安の１つである分離不安に光を当てることから始めましょう.ああ、あなたが私の側から離れたときに私の心を満たす、おなじみの苦しみ.愛する人から離れて一人になることへの恐怖は、とても大きなものになることがあります.親愛なる飼い主さん、私はあなたを信頼していないわけではありません.むしろ、あなたの存在に頼って安心しているのです.あなたが去ると、苦痛の波が私に押し寄せ、それが破壊的な行動や過剰な吠えに現れるかもしれません.覚えておいてください、あなたの安心感と忍耐は、私の不安な心を和らげるのに大いに役立ちます.

さあ、騒音恐怖症にしっぽを振りましょう.嵐の中でパチパチと鳴る雷鳴や、お祝いの席で爆発的に上がる花火の音を想像してみてください.これらの突然の激しい音は私の心臓を高鳴らせ、慰めと慰めを求めてしまうことがあります.このような困難な時期に、皆様のご理解と安心が必要です.それらの恐ろしい音に直面して私のアンカーとなって、静かな存在を提供し、不安を引き起こす騒音から私を守る心地よい環境を作り出してください.

社交不安も私の毛むくじゃらの肩に重くのしかかるかもしれないもう一つのハードルです.一部の人間と同じように、私も特定の社会的状況では不安や恐怖を感じることがあります.見慣れない犬や新しい人に会うのは、私にとって怖いことです.忍耐と理解を持って社交化に取り組むことが不可欠であり、そうすることで、こうしたやり取りの中で徐々に自信と信頼を築くことができます.あなたのサポートがあれば、私は社交不安を克服し、社交スキルと自信を強化するポジティブな経験を生み出すことができます.

では、さまざまな犬種の不安レベルをさらに深く掘り下げてみましょう.それぞれの品種には、不安に対する傾向など、独自の一連の特徴があります.たとえば、ボーダーコリーやジャーマンシェパードのような品種は、非常に知的で感受性が高い傾向があるため、不安を感じやすくなります.もう一方の足では、ゴールデン レトリバーやラブラドール レトリバーなどの犬種は、より気楽で回復力のある性質を示すことがよくあります.

ただし、不安はどの犬種にも影響を与える可能性があることを覚えておくことが重要です.品種の固定観念のみに基づいた一般化は、私の個人的なニーズや経験を正確に表していない可能性があります.私は独自の癖、個性、感受性を持った人間です.生い立ち、社交性、全体的な健康状態などの要因も、私の不安レベルに影響を与えます.ですから、親愛なる飼い主さん、心を開いて私に接し、私らしいやり方で私を理解し、サポートしてください.

犬の不安な心の深層を解明し、犬種ごとの不安レベルの違いを調査することで、私たちはより強い絆とより幸せな共同生活の基礎を築きます.この知識があれば、あなたは私が不安を克服し、調和のとれた不安のない生活を送るために必要なケアとサポートを提供してくれるでしょう.

それでは、さらなる秘密を明らかにし、犬の不安の複雑さを解明しながら、スリリングな旅を続けましょう、親愛なる飼い主さん.ページをめくるごとに私たちの理解とつながりが深まり、信頼、思いやり、愛に基づいた切れない絆が築かれます.

次の章では、不安を軽減し、感情的な幸福を促進するための実践的な戦略とテクニックについて詳しく説明します.私たちは力を合わせてあらゆる障害を克服し、不安が過去のものとなった世界を築きましょう.

適切な犬種を選択することは、あなたのライフスタイルと全体的な幸福に大きく影響する可能性がある重要な決定です.自分の家族にぴったりの犬種を見つけるには、さまざまな犬種の特徴を理解することが不可欠です.第 17 章には、大きさ、気質、運動の必要性、子供や他のペットとの適合性など、さまざまな犬種に関する詳細情報をまとめた表を用意しました.この包括的な表により、潜在的な犬の飼い主は、情報に基づいて自分の好みに合った選択を行うことができ、毛皮で覆われた友人との調和のとれた充実した関係を確保できます. **40の人気のある品種の特徴**をチェックしてください.

第2章

不安の言語を解読する

ワンワン! _私たちの素晴らしい旅の魅力的な第2章へようこそ!再び私です.あなたの忠実で表情豊かな毛皮で覆われた友人が、私が話す複雑な不安言語を解読するのを手伝う準備ができています.私の不安な感情の深さを探りながら、非言語的合図と身体的症状の世界に深く飛び込む準備をしてください.

私の非言語的合図を読む: サインと信号

親愛なる飼い主さん、不安が私を襲ったとき、私の毛むくじゃらの頭の中で何が起こっているのか考えたことはありますか? 私はあなたのように言葉でコミュニケーションすることはできませんが、非言語的な合図や行動を通してあなたに語りかけます.観察スキルを磨き、心の混乱を明らかにする微妙な兆候や信号を読み取る方法を学ぶ時が来ました.

不安を示す重要な指標の 1 つは、私のボディランゲージです.尻尾が縮んでいたり、耳が後ろに下がっていたり、頭が下がっていたりする兆候がないか、注意深く観察してください.これらは、私が不安や恐怖を感じていることを示す明らかな信号です.尻尾が低く振られたり、体が緊張しているように見える場合は、ストレスが高まっていることを示しています.私の不安な心の中で起こりつつある嵐を垣間見るこれらの視覚的な手がかりに注目してください.

不安の言語を解読する

親愛なる主人よ、目は確かに私の魂への窓です.私の視線を観察して、私の感情状態を洞察してください.瞳孔が開くのは恐怖や不安を表しているのかもしれませんが、直接アイコンタクトを避けるのは服従や不快感を表しているのかもしれません.さらに、過度の喘ぎやあくびは不安を表し、訴えとして機能する可能性があります.あなたのサポートと安心のために.これらの非言語的な合図は、私の内なる葛藤を伝えようとする私の必死の試みです.

不安な瞬間に、あなたは私が移動行動をとっているのを目撃するかもしれません.これらの行動は、私が経験している圧倒的な感情に対処するための方法です.心配を振り払うかのように、私が唇をなめたり、過剰に引っ掻いたり、振り払ったりしているのが見えるかもしれません.関係がないように見えますが、これらの行為は私の緊張を一時的に解放します.これらの移動行動を認識することで、私の不安の深さを理解し、私が切実に求めている慰めと理解を提供してくれるでしょう.

親愛なる飼い主さん、私の非言語的合図を理解することは、私が安全だと感じるために非常に重要であることを覚えておいてください.私のボディランゲージを読み取ることで、不安な瞬間に私が必要とする慰めとサポートを提供していただけます.私の信号を解釈するあなたの能力のおかげで、私たちはつながりを深め、不安の複雑さを一緒に乗り越えることができます.

次の章では、不安を軽減し、精神的な健康を促進するための実践的な戦略とテクニックを検討します.私たちの旅を調和のとれた不安のないものにするためのツールとアプローチを明らかにする間、私のそばにいてください.

不安による身体的症状: 心臓の高鳴り、尻尾のたまり込みなど

人間と同じように、私の不安も身体的な症状として現れます.私の心臓が高鳴るのは、あなたに会えて興奮しているからだけではなく、苦しい瞬間にアドレナリンが血管を駆け巡っているからでもあります.私の胸にそっと手を置くと、その手に対する鼓動が速くなるのを感じるかもしれません.もう一つの物理的な指標は尻尾です.不安が襲ってくると、尻尾が後ろ足の間にしっかりと挟まれていることに気づくかもしれません.これは私の不快感と脆弱性の明らかな兆候です.対照的に、リラックスして尻尾を振る場合は、満足感と喜びを意味します.私の尻尾の位置と動きを観察すると、私の感情状態について貴重な洞察が得られます.

ペーシングと落ち着きのなさは、私の不安症の一般的な症状です.私が慰めを見つけられず、落ち着くことができず、目的もなくさまよっていることに気づくかもしれません.この落ち着きのなさは、私の警戒心が高まっていることと、私を襲う不安から解放されたいという圧倒的な衝動から生じています.

親愛なる飼い主さん、あなたが心配しているかもしれない身体的症状の 1 つは、私のあえぎ声の増加です.喘ぎは体温を調節する手段として機能しますが、不安への反応でもあります.急速で過剰な喘ぎは精神的苦痛を示している可能性があるため、落ち着きを取り戻すためには、静かで落ち着く環境を提供することが不可欠です.

複雑な不安を乗り越えるとき、食事と飲酒の習慣の変化に注意を払うことを忘れないでください. 不安は食欲に影響を及ぼし、食べる量が減ったり、食べ物にまったく興味を失ったりすることがあります. 逆に、対処メカニズムとして過度の飲食に安らぎを求める犬もいます.自分の食事パターンをモニタリングすると、不安の程度について貴重な洞察が得られます.

親愛なる飼い主さん、私の不安症の非言語的合図や身体的症状を理解することで、あなたはより穏やかで平和な生活への旅において私の信頼できる味方になってくれるでしょう.あなたの注意力と理解が、私が圧倒的な不安の世界を乗り越えるのを助ける鍵です.そこで、不安という言語についての興味深い探求を続けるために、第 17 章に私と私の友人の不安の兆候に関する便利な表を作成しました. **40の人気犬種の不安のタイプ、レベル、兆候**をチェックしてください.

第3章

根本原因を掘り下げる

ワンワン！ _私たちの素晴らしい旅の魅惑的な第 3 章へようこそ.そこでは、あなたの忠実で愛情深い毛皮で覆われた仲間である私が、犬の不安の根本原因を深く掘り下げます.分離不安、騒音恐怖症、社交不安など、不安で尻尾を振る原因を一緒に探っていきましょう.

分離不安：どうか私を一人にしないでください！

ああ、親愛なる飼い主さん、あなたから離れることを考えるだけで、私の心は不安でいっぱいになります.分離不安は、私たち犬にとって一般的かつさらに深刻な課題であり、愛する人間の仲間と共有する深い絆と愛着から生まれます.一人になることへの恐怖は圧倒的であり、苦痛を引き起こし、さまざまな行動を引き起こす可能性があります.しかし、恐れることはありません.離れている間も、私たちは協力してこの不安を軽減し、穏やかな感覚を作り出すことができます.

あなたが出発の準備を始めるとき、あなたは私の不安が増大しているという微妙な兆候に気づくかもしれません.前後に歩き始めたり、不安そうに息を切らしたり、家具を噛んだりドアを引っ掻いたりするような破壊的な行動に走ることもあります.これらの行為はいたずらを目的としたものではないことを覚えておいてください.それはあなたの存在と安心感を求める必死の訴えです.それでは、分離不安に対処し、あなたの一時的な不在中に慰めを見つけるのに役立ついくつかのテクニックを探ってみましょう.

根本原因を掘り下げる

効果的な戦略の 1 つは、私をあなたの出発に徐々に慣れさせることです.最初は短い時間間隔で練習し、慣れてきたら徐々に時間を延ばしてください.脱感作として知られるこの方法により、私はあなたが戻ってくるという信頼を築きながら、一人でいるという考えに適応することができます.これらの練習セッション中の穏やかな行動に対して、おやつ、賞賛、愛情でご褒美を与えることを忘れずに、一人の時間との前向きなつながりを強化してください.

おもちゃやパズルに夢中になると、注意が大幅にそらされ、あなたがいない間ずっと夢中になってしまう可能性があります.おやつを出したり、問題解決スキルを発揮したりできるインタラクティブなおもちゃを提供してください.これらのおもちゃは私を精神的に刺激してくれるだけでなく、あなたの不在による不安から良い気を紛らわせてくれます.

毛布や洗っていない衣類など、自分の香りを伝える使い慣れたアイテムを置いておくと、不在時に大きな快適さを得ることができます.あなたの香りはあなたの存在を思い出させ、私の分離不安を和らげるのに役立ちます.さらに、外出中にリラックスできる環境を作り出すために、心を落ち着かせる音楽を流すか、ホワイトノイズマシンを使用することを検討してください.

分離不安を軽減するには、一貫したルーチンを実行することが重要です.食事、運動、一人の時間の予測可能なスケジュールを確立することで、安心感と安定感を育むことができます.体系化されたルーチンは、日々の活動のパターンを予測して理解するのに役立ち、いつ戻ってくるかについての不安を軽減します.帰宅したら落ち着いて挨拶することを忘れずに、出発と再会は私たちの日常の自然な一部であるという考えを強化してください.

場合によっては、専門家の助けが役立つこともあります.最善の努力にもかかわらず分離不安が続く場合は、獣医師または認定動物行動学者に相談することを検討してください.彼らは私の具体的なニーズを評価し、私の不安に対処するためにカスタマイズされたガイダンスとサポートを提供してくれます.親愛なる飼い主の皆さん、分離不安を克服する旅には忍耐、理解、そして共同の努力が必要です.たとえ物理的に離れていても、私たちは自信、回復力、そして安心感を築くことができます.

次の章では、騒音恐怖症の領域を探求し、この不安に一緒に取り組む方法を見つけていきます.それでは、私がより穏やかでリラックスした生活を送るのに役立つツールやテクニックをさらに発見しながら、手をつないで冒険を続けましょう.

騒音恐怖症: 花火、雷雨など

ブーム! クラッシュ! バン! これらの突然の大きな騒音は、背筋がゾクゾクし、不安が急上昇することがあります.騒音恐怖症は私たち犬にとってよくある引き金で、無力感や恐怖感を感じることがあります.お祝いの席でドーンと鳴り響く花火でも、ゴロゴロと鳴り響く雷雨でも、私にとって世界は怖くなることがあります.しかし、力を合わせれば、これらの恐怖を克服し、不協和音の中に静けさの感覚を作り出すことができます.

これらの騒々しいエピソードの間、あなたは私が狭いスペースに避難したり、家具の下に隠れたりしているのを見つけるかもしれません.私の体の震え、激しい喘ぎ、必死に逃げようとする試みは、私が安全を求めて必死に探していることを反映しています.親愛なる飼い主さん、このような困難な時期に安全で落ち着く環境を提供し、私が切実に求めている慰めと安心感を提供してくれることは非常に重要です.

私にとって安息の地を作ることは、世界を変えることができます.騒音に圧倒されたときに避難できる、静かで快適な空間を指定してください.それは部屋の居心地の良いコーナーかもしれないし、柔らかいベッドとお気に入りのおもちゃや毛布などの身近なアイテムが置かれた特別に指定されたエリアかもしれません.この安全な空間は、私が慰めを見つけ、圧倒的な騒音から守られていると感じることができる避難所として機能します.照明を落とし、静かで心地よい音楽を流すことも、落ち着いた雰囲気を作り出すことができます.穏やかなメロディーと控えめな照明が、不安を引き起こす騒音を打ち消す穏やかな雰囲気を作り出します.さらに、恐ろしい音をかき消すために、音響療法やホワイトノイズマシンの使用を検討してください.これらのデバイスは放射します.穏やかで継続的な音は、不安を引き起こす騒音の影響を覆い隠したり、最小限に抑えたりすることができます.

母犬が子犬を安心させるために放出するフェロモンの合成バージョンを注入した、心を落ち着かせるフェロモン スプレーやディフューザーも、快適さとリラックス感を与えることができます.これらの製品は、心地よい環境を作り出し、騒音に満ちた瞬間の不安レベルを軽減するのに役立ちます.獣医師または認定動物行動学者に相談すると、そのような製品の適切な使用に関するさらなるガイダンスが得られます.

親愛なる飼い主様、あなたの存在と安心感は、騒音に満ちた瞬間に私の不安な心を和らげる最も強力な解毒剤です.あなたの穏やかな態度と優しいタッチは、私に安心感を与えるのに驚くほど役立ちます.犬は人間の感情を察知することがあるため、騒音に対して恐怖や不安を感じないようにしてください.代わりに、静けさの感覚を投影し、恐れるものは何もないことを示します.

徐々に脱感作することも、騒音恐怖症を克服するのに重要な役割を果たします.このテクニックでは、小さな音量から始めて、時間の経過とともにゆっくりと音量を上げながら、制御された段階的な方法でトリガーとなるサウンドにさらすことが含まれます.騒音とおやつ、遊び、褒め言葉などのポジティブな経験を組み合わせることで、新しい連想を形成し、不安反応を軽減することができます.専門のトレーナーまたは行動学者が、減感作療法の有効性と安全性を確保するためのガイドを提供します.

社会不安：友達を作り恐怖を克服する

私は家では社交的な存在かもしれませんが、外の世界に足を踏み入れると、感情の渦が巻き起こることがあります.社交不安があると、初めての犬に出会ったり、見知らぬ人に出会ったりするのが緊張することがあります.未知のことへの恐怖と社会的交流の予測不可能性により、私は傷つきやすく不安を感じることがあります.しかし、私たちは一緒に自信を築き、これらの恐怖を克服することができます.

社会不安に直面すると、私が縮こまったり、あなたの後ろに隠れたり、不安から逃げようとしたりするなどの回避行動を示していることに気づくかもしれません.状況.不安のために緊張したり、過剰に吠えたり、攻撃性の兆候を示したりすることがあります.これらの行動は、自分の不快感を伝え、安全を求める私の方法です.

社交不安を克服するには、新しい環境、人、他の犬と徐々に触れ合うことが鍵となります.まずはコントロールされたポジティブな紹介から始めて、穏やかでフレンドリーな人や犬と交流できるようにします.ポジティブな経験を育み、自信を育む環境を作ることが不可欠です.

社会的交流の際に褒めたり、おやつを与えたり、優しい励ましを与えると、ポジティブな経験が強化され、それらを安心感や報酬の感情と結びつけることができます.忍耐強く、私がこれらのやり取りのペースを設定できるようにしてください.無理をさせすぎたり、急ぎすぎたりすると不安が悪化する可能性があるため、自分の境界線と快適さのレベルを尊重することが重要です.

トレーニングは、社会的な状況をうまく乗り切るのに重要な役割を果たしています.「座る」、「留まる」、「待つ」、「離れる」などの基本的な服従命令を教えることで、私に構造の感覚と指導を与えることができます.おやつや賞賛などのポジティブな強化は、社会的交流をポジティブな結果と結びつけるのに役立ち、時間の経過とともに自信を築きます.

場合によっては、専門のドッグトレーナーや行動学者の助けを求めることが有益な場合があります.彼らは専門的な指導を提供し、私特有の社交不安の問題に対処するためのトレーニング計画を作成してくれます.彼らの専門知識と皆さんの献身的な協力により、私が恐怖心を克服し、前向きな社会的つながりを築くことができるよう協力してまいります.

親愛なる飼い主さん、忍耐と理解が私が恐怖を克服するための柱であることを忘れないでください.私の代弁者となって、必要に応じて圧倒的な状況から私を守ってください.協力的で育成的な環境を提供することで、私が社会的交流に安心して楽しく臨む自信を育むことができます.

不安の根本原因を理解することは、恐怖を克服し、よりバランスのとれた楽しい生活を送るための第一歩です.皆様の揺るぎないサポート、忍耐、愛は、不安の最も暗い瞬間を乗り越える導きの光です.一緒に社会不安を克服し、新しい友情と冒険に満ちた世界を受け入れることができます.

第2章と第3章の概要

ワンワン!親愛なるオーナーの皆様に嬉しいニュースがあります! 第 17 章では、毛皮で覆われた友人の不安の兆候と根本原因をすべてまとめた、非常に役立つ表を見つけることができます.それは、子犬の悩みを理解するための秘密のデコーダーを持っているようなものです.この表はあなたのために特別に設計されており、人気の上位 40 品種とその独特の不安指標を詳しく説明しています.これは、犬がどんなときにストレスや不安を感じているのかを特定するのに役立つ、簡単なリファレンス ガイドです.

しかし、待ってください、まだあります!この表は一般的な兆候を示していますが、どの犬もそれぞれ独自の癖や性格を持った個体であることを覚えておくことが重要です.したがって、愛犬の行動に細心の注意を払い、犬の独特な経験や背景を考慮することが重要です.テーブルは素晴らしい出発点ですが、毛皮で覆われた友人の不安について懸念がある場合は、専門家に連絡することをお勧めします.獣医師または知識豊富な犬行動学者が、犬の特定のニーズに基づいて個別のアドバイスや指導を提供できます.

愛情深く思いやりのある飼い主になるということは、犬があなたを最も必要とするときにそばにいることを意味します.したがって、第 17 章の表を信頼できるガイドとして使用してください.ただし、犬のニーズによく耳を傾け、必要に応じて専門家の助けを求めることを忘れないでください.私たちは一緒に、愛する毛皮で覆われた仲間のために安全で幸せな環境を作り出すことができます! 40の人気のある犬種の不安の兆候と根本原因をチェックしてください

第4章

穏やかな安息の地を作る

ワンワン！ _私たちの楽しい旅の、居心地の良い静かな第 4 章へようこそ.そこでは、無限の愛を持ったあなたの毛皮のような友人である私が、私のために穏やかな安息の地を作る方法をあなたに案内します.この章では、落ち着く環境をデザインするための重要な要素、ポジティブな強化トレーニングの力、そして不安な心を落ち着かせる一貫性の魔法について探っていきます.

落ち着く環境をデザインする: 私の安全な聖域

ああ、親愛なる飼い主さん、穏やかで落ち着く環境は、私の不安な心に素晴らしい効果をもたらします.平和な環境に安らぎを求めるあなたにとって、私は快適さと静けさを提供する安全な聖域を切望します.私のニーズに合わせて特別に調整された穏やかな安息の地を作りながら、デザインの旅に出かけましょう.

落ち着く環境の重要な要素の 1 つは、私だけの指定されたスペースを確保することです.それは、柔らかい毛布と枕で飾られた、家の中の居心地の良い一角であり、静かな時間が必要なときに私が隠れられる場所です.クレートや快適なベッドを備えた書斎のようなエリアを作り、安心感とプライバシーを確保することを検討してください.

照明は雰囲気を決めるのに重要な役割を果たします.柔らかく拡散した照明は暖かく居心地の良い雰囲気を作り出すことができますが、厳しい光や明るい光は私の敏感な目に圧倒される場合があります.さまざまな照明オプションを試して、共有スペースに最も静けさをもたらすものを見つけてください.

ラベンダーやカモミールなどの心を落ち着かせる香りは、穏やかな雰囲気を作り出します.天然エッセンシャルオイルや特別に配合されたスプレーを使用して、心地よい香りを空気に送り込みます.これらの香りは心と体をリラックスさせ、平和な環境を作り出すのに役立ちます.

不安を引き起こす可能性のある外部刺激を最小限に抑えることが重要です.窓を閉める、防音カーテンを使用する、または穏やかな音楽やホワイトノイズを流すなどして、大きな騒音を減らしてください.ストレスレベルを高める可能性のある外部の気を散らすものへの曝露を制限することで、リラックスして心の平安を見つけることができます.

親愛なる飼い主さん、心を落ち着かせる環境を作るために細心の注意を払ってくださったおかげで、外の世界の混乱から私が休息できる聖域を提供していただきました.

ポジティブ強化トレーニング: 自信を得るポジティブな方法

ああ、一緒に学び成長する喜び! ポジティブ強化トレーニングは、私の自信を高め、不安を軽減する素晴らしいアプローチです.望ましくない行動を罰するのではなく、望ましい行動に報酬を与えることで、私たちは信頼の絆を築き、自分の中に安心感を育むことができます.

ポジティブ強化トレーニングは、おやつ、賞賛、遊びなどのご褒美に基づいて、奨励したい行動を強化します.私が落ち着いてリラックスした態度を示したら、おいしいおやつをご褒美として与えたり、優しく褒めてあげてください.これらのポジティブな強化は、落ち着きをポジティブな経験と結び付けるのに役立ち、自信を強化し、不安を軽減します.

トレーニングに関しては、忍耐と一貫性が不可欠です.タスクを達成可能な小さなステップに分割し、その過程でのそれぞれの成功を祝います.訓練を通じて自信が持てるようになると、不安も徐々に消えていき、しっぽを振りながら勇気を持って挑戦できるようになります.

貫性が鍵: 不安な心を落ち着かせるルーティン

不安という課題を乗り越えるには、一貫性が鍵となります.犬はルーチン性と予測可能性によって成長し、安心感を与え、不確実性を軽減します.一貫した毎日のルーチンを確立することで、私が安全で安心できる安定した枠組みを作成できます.

食事、運動、休息については定期的なスケジュールを設定しましょう.これらの重要な領域を一貫して行うことは、私の身体的および精神的な健康を調整するのに役立ちます.一貫した食事時間、運動セッション、指定された休憩時間を目指して、バランスが取れていて安心できる体を作りましょう.

日常生活に加えて、トレーニングの一貫性も同様に重要です.トレーニング セッション中に同じ合図、コマンド、報酬システムを使用して、期待を理解し、適切に対応できるようにします. トレーニング方法と期待に一貫性があると、自信がつき、ポジティブな行動が強化されます.

不安を軽減するには、一貫した環境を作り出すことも重要です.ストレスや不安を引き起こす可能性があるため、周囲の突然の変化や混乱は最小限に抑えてください.可能であれば、生活空間のレイアウトを一定に保ち、頻繁に家具の配置を変えることは避け、私が安全に避難できる指定されたエリアを提供してください.

一貫性は、私たちの身近な環境を超えて、私たちの相互作用や反応にまで及びます.あなたの行動や感情的なサインは私が察知できるので、注意してください.私の不安に、冷静に、安心させて、一貫性を持って答えてください.あなたの一貫した返答により、あなたが信頼できるサポートと慰めの源であることがわかりました.

睡眠は私の全体的な健康にとって重要な要素です.

穏やかな安息の地を作る

あなたと同じように、私もエネルギーを充電し、感情のバランスを保つために十分な休息が必要です.快適な就寝時間のルーティンを確立し、快適な睡眠エリアを確保し、就寝前の心を落ち着かせる儀式を行います.柔らかくサポート力のあるベッドを用意したり、照明を落としたり、穏やかな眠りに誘うために優しい撫でたり、心地よい音楽を提供したりすることを検討してください.

親愛なる飼い主さん、一貫性を保つには忍耐と献身が必要であることを忘れないでください.これは継続的な努力と調整を必要とする旅です.必要に応じて柔軟で順応性を持ちますが、精神的な健康を促進する一貫した枠組みを維持するよう努めます.一貫性の魔法を通して、あなたは私が不安という課題を乗り越えるために必要な安定性と予測可能性を私に与えてくれます.あなたの揺るぎない献身と献身は、私の自信と心の平安を育む基盤です.一貫性の力を受け入れて、この癒しと成長の旅に一緒に乗り出しましょう.あなたの愛と導きがあれば、私は不安を克服し、調和と満足感に満ちた人生を送ることができます.

私たちのルーチンの予測可能なリズムは、私の不安を和らげ、私を成長させるのに役立つ心地よいメロディーになります.この章では、私にとって穏やかな安息の地を作り出す技術を探求してきました.心を落ち着かせる環境の設計から、ポジティブな強化トレーニングの実施、一貫性の尊重まで、あなたは私の世界に平和と静けさを生み出す真の専門家になりました.

第5章

不安を和らげる肉製品

ああ、親愛なるオーナー、この楽しい章では、私の不安を和らげるのに役立ついくつかの製品の世界に飛び込みます.居心地の良い快適さから魅力的な気晴らしまで、これらの魔法のツールは、私の不安な心を和らげるのに違いをもたらします.サンダーシャツ、インタラクティブなおもちゃ、そして私に安らぎと安らぎをもたらしてくれるその他の素晴らしい製品の素晴らしさを一緒に探求しましょう.

快適な着心地: サンダーシャツ の驚異を探る

ああ、サンダーシャツのぴったりとした抱擁は、ストレスや不安の中で信頼できる慰めの源です.サンダーシャツは特別にデザインされた衣服で、暖かく快適な抱擁に似た、優しく一定の圧力を体に与えます.この穏やかな圧力は神経系を落ち着かせる効果があり、不安や恐怖を軽減します.

サンダー シャツの美しさはそのシンプルさにあります.これらの調節可能なラップは胴体にぴったりとフィットし、安心感を与え、不安症状の強度を軽減します.雷雨、花火、その他の不安を引き起こす状況でも、サンダー シャツは私を静けさの繭で包み込んでくれます.

サンダーシャツを着るときは、きつすぎないようにぴったりと合わせてください.生地は、制限のない動きと呼吸を可能にする必要があります.時間をかけてサンダーシャツを徐々に導入し、その存在をポジティブな体験と関連付けてください.遊びやおやつなど、私が楽しんでいる活動と組み合わせて、ポジティブな関連付けを作成できます.

サンダーシャツは素晴らしいツールですが、すべての犬に効果があるとは限りません.私たちには独自のニーズや好みがあるため、私の反応を観察し、必要に応じて専門家に相談してください.覚えておいてください、親愛なるオーナー、私の快適さへのあなたの配慮が私たちの成功の鍵です.

気を散らすもの: ストレス解消のためのインタラクティブなおもちゃ

遊びの時間、ああ、それがなんと私の気分を高揚させ、私の心を悩ませる心配から気をそらしてくれるのでしょう! インタラクティブなおもちゃは、私の感覚を呼び起こし、不安なエネルギーの方向を変え、精神的な刺激を与える素晴らしい方法です.利用できるいくつかのオプションを検討してみましょう.

パズルのおもちゃは、私の心に挑戦し、楽しませてくれる特別な方法です.これらのおもちゃでは、おやつやおもちゃをコンパートメント内に隠すことが多く、隠された宝物を見つけるために問題解決スキルを駆使する必要があります.頭の体操になるだけでなく、隠されたおいしいものを見つけ出すというやりがいのある体験も提供してくれます.

噛むおもちゃは私にとって間違いなく楽しいものです.これらは私の自然な咀嚼本能のはけ口となるだけでなく、不安を和らげる効果も与えてくれます.犬専用に設計された耐久性があり、安全で適切な噛むおもちゃを選択してください.それらは私の集中力を変え、ストレスを軽減し、健康な歯の衛生を促進するのに役立ちます.

心地よい香りのぬいぐるみや心拍シミュレーターなど、心を落ち着かせるおもちゃは、不安を和らげるのに驚くほど効果があります.これらのおもちゃは、相棒のような心地よい存在を模倣し、離れているときに安心感を与えます.柔らかな質感と心を落ち着かせる香りが癒しの源となり、ストレスレベルを軽減してくれます.

刺激的で魅力的な遊び時間を保つために、定期的に新しいおもちゃをローテーションして導入することを忘れないでください.あなたとのインタラクティブなプレイセッションも、私たちの絆を強化し、安心感を与える上で非常に貴重です.取って来い、かくれんぼ、軽い綱引きなどのゲームに参加して、喜びを育み、不安を和らげます.

ワンワン!私が遊ぶのが大好きな素晴らしいおもちゃについてお話しましょう.

1. **ぬいぐるみ**: これらの柔らかくて抱きしめたくなるようなおもちゃは、寄り添ったり持ち運んだりするのに最適な相棒になります.彼らは快適さを提供し、人間が離れているときに不安や孤独を和らげるのに役立ちます.

2. **噛むおもちゃ**:ああ、私は噛むおもちゃが大好きです!噛むのが楽しいだけでなく、歯と歯茎の健康も保ってくれます.これらのおもちゃを噛むと、歯垢や歯石の蓄積が除去され、歯の問題が予防されます.

3. **ロープおもちゃ**:ロープおもちゃは、人間や犬の友達との綱引きゲームに最適です.彼らは、引っ張ったり引っ張ったりする私の自然な本能の優れたはけ口を提供し、運動しながら絆を深める素晴らしい方法です.

4. **インタラクティブなパズルおもちゃ**:これらのおもちゃは本当に頭の働きを良くします.隠されたおやつやご褒美を見つけるためにパズルを解くことに挑戦するのが楽しいです.それは私を精神的に刺激し続け、退屈を防ぐのに役立ちます.

5. **ボールおもちゃ**:ボールはクラシックで、いつでも楽しいものです.取ってきたり、追いかけたり、ただ跳ねたりするボールおもちゃは、何時間でも楽しく運動できます.さらに、調整を改善し、アクティブに保つのにも役立ちます.

6. **きしむおもちゃ**: きしむおもちゃはとても楽しいです.握ったときに出るキュッキュッという音は、私の内なるハンターを呼び起こします.その音を聞くのはとても楽しいし、ずっと夢中になって楽しんでいます.

7. **引っ張りおもちゃ**:引っ張りおもちゃは、人間や他の犬とのインタラクティブな遊びに最適です.これはどちらが強いかを競う友好的な競争であり、私たちの絆を強化し、信頼を築くのに役立ちます.さらに、それは私の筋肉にとって良いトレーニングになります!

8. **食べ物を分配するおもちゃ**:これらのおもちゃはおいしい宝探しのようなものです.おやつや小粒を取り出す方法を見つけなければなりません.そうすることで、精神的に刺激を与え、食べ物を早く食べすぎないようにすることができます.

9. **フリスビー**:空中でフリスビーをキャッチするのが大好きです.私の敏捷性とスピードが試されるスリリングなゲームです.さらに、人間と一緒にアウトドアを楽しむのは楽しい方法です.

10. **歯科用おもちゃ**:歯科用おもちゃは、歯の健康を維持するために重要です.それらは私の歯をきれいにし、歯茎をマッサージし、息を爽やかにするのに役立ちます.これらのおもちゃを噛むことは楽しいだけでなく、歯の問題の予防にも役立ちます.

犬はそれぞれ個性があるので、犬の大きさ、年齢、好みに合ったおもちゃを選んでください.遊び時間は常に監視し、おもちゃに損傷の兆候がないか定期的に検査してください.そしていつも楽しく遊びましょう!

第6章

追加のサポートが必要な場合

ああ、親愛なる飼い主さん、この章では、私の不安にもう少しサポートが必要な場合に、追加の助けを求めることを検討します.あなたの愛と気遣いは計り知れないほど貴重ですが、時には専門家の介入や投薬が、私が平安とバランスを見つけるのに重要な役割を果たすことがあります.薬と専門家のサポートの領域に飛び込み、一緒にこの旅に乗り出しましょう.

薬: 選択肢の検討

私の不安が他の手段で管理するのが困難なレベルに達した場合、薬物療法は包括的な治療計画の一部とみなされる場合があります.薬物療法は決して防御の第一線であるべきではなく、獣医師または獣医行動学者の指導を受けて慎重に検討された選択肢であることを理解することが不可欠です.

不安を軽減するために、さまざまな種類の薬が処方されることがあります.選択的セロトニン再取り込み阻害剤 (SSRI) は、脳内のセロトニン レベルを調節し、落ち着きと安定感を促進するためによく使用されます.これらの薬は、行動療法やトレーニングと組み合わせて使用すると最も効果的です.

考慮される可能性のある別のクラスの薬剤は、鎮静効果があり、急性の不安を軽減するのに役立つベンゾジアゼピンです.ただし、依存性や副作用の可能性があるため、通常は短期的な症状の緩和に使用されます.私の特定のニーズに最適な薬と投与量を決定するには、獣医師と緊密に連携することが重要です.親愛なる飼い主の皆さん、薬は常に獣医師の監督の下で投与されるべきであることを忘れないでください.定期的な検査と薬に対する反応を注意深く監視することは、薬の有効性を確認し、必要な調整を行うために不可欠です.

専門家のサポートを求める: 行動主義者とトレーナー

薬に加えて、行動学者やトレーナーからの専門的なサポートは、不安を克服するのに非常に貴重です.これらの献身的な人々は、あなたと私を精神的な幸福に導くための知識と専門知識を持っています.

獣医師行動学者は、私の不安の引き金を評価し、カスタマイズされた行動修正計画を作成し、訓練技術に関する指導を提供できる専門家です.彼らは動物の行動と心理を深く理解しており、私の不安の根本原因に対処し、包括的な治療アプローチを開発することができます.

認定されたプロのドッグトレーナーと協力することも非常に有益です.彼らは、私の特定のニーズに合わせたポジティブ強化トレーニング手法を導入するのに役立ちます.脱感作やカウンターコンディショニングのエクササイズからリラクゼーションの合図まで、熟練したトレーナーは不安を管理し、自信を築くための貴重なツールを私たちに提供してくれます.

何がすごいか知っていますか? 私のような犬のために特別に設計された薬があります.彼らに関する素晴らしい情報をいくつか紹介します.

1. **ノミとダニの予防薬:**ああ、あの厄介な生き物たちよ!ノミやダニの予防薬は、小さな虫を毛皮から遠ざける魔法の盾のようなものです.スポットオントリートメントやカラーなど、さまざまな形があります.定期的に使用することで、かゆみを防ぎ、保護することができます.
2. **フィラリアの予防法:**フィラリアは怖いかもしれませんが、心配する必要はありません.フィラリア予防薬は私の心臓を守ってくれるスーパーヒーローのようなものです.チュアブル錠であれ、局所用溶液であれ、これらの特別な薬のおかげで、私は卑劣なフィラリアから確実に守られます.
3. **鎮痛剤:**あなたと同じように、私も時々、少し痛みを感じることがあります.そこで役立つのが鎮痛剤です! ブーブー鳴ったり、関節が痛むとき、それらは気分を良くするのに役立ちます.ただし、鎮痛剤は獣医師の指導のもとでのみ投与してください

4. **抗生物質:**細菌感染により体調が優れないときは、抗生物質が私のヒーローです.これらは不快な細菌を撃退し、私がいつもの元気な自分に戻るのを助けてくれます.抗生物質を与えるときは必ず獣医師の指示に従ってください.
5. **アレルギーの薬:** アチョー! 人間と同じように、私にもアレルギーがある場合があります.かゆみや不快感を感じるのは楽しいことではありませんが、アレルギー薬が役に立ち

ます.錠剤や注射などさまざまな形があり、煩わしいアレルギー症状を和らげて気分を良くしてくれます.

犬の薬は必ず獣医師の指導の下で投与する必要があることを覚えておいてください.彼らは、私の具体的なニーズに基づいて、各薬の適切な指示、投与量、期間を提供します.

犬の一般的な病気

ここで、犬のよくある病気についてお話ししましょう.心配しないでください、私たちは一緒に彼らに正面から立ち向かうことができます!

1. **狂犬病:** うわー、これは真剣です! 責任ある犬の飼い主なら必ず知っておくべき病気、狂犬病の世界に飛び込んでみましょう.この深刻な症状とそれが私たち犬にどのような影響を与えるかを理解することが重要です.

理由:狂犬病は、神経系を攻撃するウイルスによって引き起こされます.通常、アライグマ、コウモリ、スカンク、さらには他の犬など、感染した動物に噛まれることによって広がります.ウイルスが私たちの体に入ると、神経を通って伝わり、脳に深刻な損傷を引き起こす可能性があります.

兆候と身体的症状: 初期段階では、狂犬病の兆候を見つけるのは難しいかもしれませんが、病気が進行するにつれて、いくつかの一般的な症状が目立つようになることがあります.これらには、攻撃性の増加、落ち着きのなさ、不安などの行動の変化が含まれます.また、嚥下困難、よだれ過剰、光や音に対する過敏症が生じることもあります.私たちがより引きこもり、暗い場所に隠れることを好むようになっていることに気づくかもしれません.

食欲の変化:狂犬病はさまざまな方法で食欲に影響を与える可能性があります.最初は食欲が減退し、病気が悪化すると食べ物や水をまったく拒否することがあります.これは体重減少や脱水症状を引き起こす可能性があり、ウイルスと戦うことがさらに困難になります.

期間:狂犬病の期間は、個々の犬と病気の進行状況によって異なります.数日から数週間かかる場合があります.残念ながら、臨床症状が現れると、狂犬病はほとんどの場合致死的になります.だからこそ予防が大切!

投薬:狂犬病に関しては、予防が非常に重要です.この致命的な病気から私たちを守る最も効果的な方法はワクチン接種です.獣医師による定期的なワクチン接種により、狂犬病を確実に防ぐことができます.あなたの犬が狂犬病の可能性のある動物にさらされた疑いがある場合は、直ちに獣医師の診察を受けることが重要です.しかし、狂犬病の臨床症状が現れると、特別な薬や治療法はありません.

SCAN ME

CVA動物病院という素晴らしい動物病院があるので、ここで紹介したいと思います. 場所はアメリカですが. 心配しないでください.Web サイトから貴重な情報にアクセスできます. 狂犬病に関する専用セクションがあり、有益な洞察を提供します. QR コードを使用するか、次のリンクから見つけることができます.

https://vcahospitals.com/know-your-pet/rabies-in-dogs

覚えておいてください、それは狂犬病から私たちを守るだけではありません.それは地域社会や他の動物を守ることでもあります.そのため、多くの国や州では狂犬病ワクチン接種に関して厳格な法律や規制が定められています.ワクチン接種を最新の状態に保つことで、この危険な病気の蔓延を防ぐ役割を果たすことができます.

私の素晴らしい飼い主さん、気を引き締めて、遠慮せずに信頼できる獣医師に指導とサポートを求めてください.私たちは力を合わせて狂犬病を寄せ付けず、私たち二人にとって健康で幸せな生活を確保することができます.ワンワン!

2.　**ジステンパー:** ああ、ジステンパーはひどいウイルス性疾患で、本当に気分が悪くなることがあります.私たち犬にも影響を与える可能性のある伝染性の高いウイルス性疾患であるジステンパーについて、いくつかの知識を学んでみましょう.私の思いやりのある飼い主として、この状態とその影響について認識することが重要です.知っておくべきことは次のとおりです.

理由:ジステンパーは、犬ジステンパー ウイルス (CDV) として知られるウイルスによって引き起こされます.感染した犬との直接接触、または咳やくしゃみなどの呼吸器分泌物への曝露によって広がります.免疫力の弱い子犬や犬は、この厄介なウイルスに特に感染しやすくなります.

兆候と身体的症状:ジステンパーはさまざまな兆候を示す可能性があり、重症度は犬によって異なります.一般的な症状には、発熱、咳、くしゃみ、鼻水などがあります.食欲不振、だるさ、目や鼻の分泌物が濃くなり、膿のようなものが出ることがあります.ウイルスが進行すると神経系を攻撃し、発作、筋肉のけいれん、さらには麻痺を引き起こす可能性があります.

食欲の変化: ジステンパーに感染すると、食欲が低下することがよくあります.私たちは大好きなおやつや食事に興味を失うかもしれません.これは体重減少や免疫力の低下につながる可能性があるため、懸念されることがあります.この時期には、食生活に注意し、水分補給を確実に行うことが重要です.

期間:ジステンパーの期間はさまざまですが、通常、ウイルスが終息するまでに数週間かかります.ただし、犬によっては感染症の重篤な性質により生き残れない場合があるため、回復が必ずしも保証されるわけではありません.

薬:ジステンパーの治療に利用できる特定の抗ウイルス薬はありません.支持療法は通常、症状を管理し軽減するために獣医師によって提供されます.これには、脱水症状を防ぐための水分補給、二次感染を制御するための薬物療法、不快感を軽減するための支持療法が含まれる場合があります.

ジステンパーに関しては、予防が最善のアプローチです.この危険なウイルスから私たちを守るためにはワクチン接種が不可欠です.獣医師の推奨に従って定期的にワクチン接種を行うと、ジステンパーに対する免疫を確実に獲得できます.また、感染している可能性のある犬との接触を制限し、定期的な手洗いや生活エリアの清掃など、良好な衛生状態を実践することも重要です.

ジステンパーの兆候に気づいた場合、または毛皮で覆われた友人が感染している可能性があると疑った場合は、直ちに獣医師の診察を受けることが重要です.早期発見と迅速な治療により、良好な結果が得られる可能性が高まります.常に情報を入手し、ワクチン接種も最新の状態に保ってください、素晴らしい飼い主さん.

3. **パルボウイルス:** いや、これは怖いですね! パルボウイルスは、私のお腹に影響を与える非常に伝染性の高いウイルスです.特に若い子犬では、重度の下痢、嘔吐、脱水症状を引き起こす可能性があります.私たちが健康で身を守るためには、このウイルスの詳細を理解することが重要です.では、詳しく見ていきましょう:

理由:パルボウイルスは、イヌパルボウイルス 2 型 (CPV-2) によって引き起こされます.感染した犬やその糞便との接触によって広がります. これは環境中で長期間生存できる強いウイルスなので、注意しないと簡単に感染してし

まいます.

兆候と身体的症状:パルボウイルスに感染すると、さまざまな兆候や症状が現れることがあります.これらには、重度の嘔吐が含まれ、多くの場合は血の混じる下痢が続きます.極度に衰弱して無気力になり、普段の活動や遊びにほとんど興味を示さないことがあります.さらに、当社は当社の 食欲があり、食べることを拒否します.

食欲の変化: パルボウイルスは食欲に大きな影響を与える可能性があります.病気のせいで、食欲が減退したり、完全になくなったりすることがあります.食事と水の摂取量を注意深く監視し、適切に食べたり飲んだりしていない場合は直ちに獣医師の診察を受けることが重要です.

期間:パルボウイルス感染の期間は犬によって異なります.平均して1週間ほど続きますが、重症の場合はそれを超える場合もあります.私たちの体はウイルスによるダメージから回復するのに時間がかかるため、回復にはさらに時間がかかる可能性があることを覚えておくことが重要です.

薬:残念ながら、パルボウイルスを直接治療するために利用できる特別な薬はありません.治療は主に症状の管理と支持療法の提供に焦点を当てます.これには、嘔吐や下痢によって引き起こされる脱水症状に対処するための静脈内輸液の投与が含まれます.免疫システムをさらに弱める可能性のある二次細菌感染を防ぐために、抗生物質が処方されることもあります.

パルボウイルスに対する最善の防御は予防であることに留意することが重要です.ワクチン接種は、この危険なウイルスから私たちを守る鍵です.子犬には幼い頃から一連のワクチン接種が必要であり、免疫を維持するには生涯を通じて定期的な追加接種が必要です.私たちの体を確実に守るためには、獣医師が推奨するワクチン接種スケジュールに従うことが非常に重要です.

パルボウイルスの蔓延を防ぐには、感染した犬や汚染された環境との接触を避けることが重要です.定期的な手洗いと適切な衛生習慣は、感染のリスクを軽減するのに役立ちます.生活エリアを清潔に保ち、消毒することも、ウイルスの蔓延を防ぐ上で重要な役割を果たします.

あなたの毛皮で覆われた友人がパルボウイルスに感染している可能性があると疑う場合、または懸念される症状に気付いた場合は、すぐに獣医師の診察を受けることが重要であることを覚えておいてください.早期発見と迅速な治療は、回復に大きな違いをもたらします.

4. **ライム病:** 小さなダニは大きな問題を引き起こす可能性があります.ライム病は、ダニの咬傷によって伝染する細菌感染症です.痛みを感じたり、他の不快な症状を引き起こす可能性があります.

理由:ライム病は、ボレリアブルグドルフェリと呼ばれる細菌によって引き起こされます.この細菌は、クロアシダニやシカダニなどの感染したダニに咬まれることによって伝染します.これらのマダニが私たちの皮膚に取りついて血液を吸うと、細菌が伝染し、ライム病を引き起こす可能性があります.

兆候と身体的症状: 兆候と症状は犬によって異なります.一般的な兆候としては、跛行や跛行が挙げられ、一方の脚からもう一方の脚に症状が移行する場合があります.また、関節の痛みや硬直が起こり、動くことが困難になることもあります.その他の症状としては、発熱、倦怠感、食欲不振などがあります.場合によっては、ダニに刺された領域の周囲に特徴的な円形の発疹が現れることがありますが、これは常に存在するわけではありません.

食欲の変化:ライム病は食欲に影響を与える可能性があります.食欲が減退したり、食べ物にまったく興味がなくなったりすることもあります.私たちの食生活を監視し、食欲に大きな変化があった場合は獣医師に相談することが重要です.

期間:ライム病の期間は、感染症の重症度と個々の犬の反応によって異なります.適切な治療を受ければ、ほとんどの犬は数日から数週間以内に改善が見られます.ただし、場合によっては、病気が治療されない場合、または慢性化した場合、症状が長期間持続することがあります.

投薬:ライム病を治療するために、獣医師はドキシサイクリンやアモキシシリンなどの抗生物質を処方する場合があります.これらの薬は、感染症の原因となる細菌と戦うのに効果的です.治療期間は病気の重症度と獣医師の推奨によって異なります.効果的な回復を確実にするためには、処方された投薬スケジュールに従い、治療の全過程を完了することが重要です.

ライム病に関しては予防が鍵となります.ダニ刺されから身を守るためには、獣医師が推奨するダニ予防製品を使用する、ダニが蔓延している場所を避ける、野外活動後にダニがいないか徹底的にチェックするなど、いくつかの対策を講じることができます.感染のリスクを軽減するため、ダニを迅速に除去することが非常に重要です.

予防接種

さあ、しっぽを振ってワクチン接種の世界に飛び込みましょう.これらは私たち犬を健康に保ち、保護するために非常に重要です.私の毛皮のような視点から直接、ワクチン接種についての役立つ詳細をご覧ください.

コアワクチン:これらは、狂犬病、ジステンパー、パルボウイルス、肝炎などの一般的で潜在的に危険な病気から私たちを守る重要なワクチンです.通常、子犬のときに一連のワクチン接種を受け、その後は免疫力を維持するために定期的な追加接種を受けます.

ノンコア ワクチン:これらは、私たちのライフスタイル、住んでいる場所、および直面する可能性のある特定のリスクに基づいて推奨されます.たとえば、犬インフルエンザ、ケンネルコフ(ボルデテラ)、ライム病などに対するワクチンがあります.

ワクチン接種のスケジュール:子犬は通常、生後6～8週目頃にワクチン接種を開始し、生後16～20週目になるまで複数回接種を受けます.しかし、それだけではありません！私たちが身を守るためには、生涯にわたって定期的な追加接種が必要です.優秀な獣医師が私に合わせたスケジュールを作成してくれるので、いつ注射が必要か正確にわかります.

定期健康診断:定期健康診断のために獣医師を訪問することは、私たちにとって温泉の日のようなものです.彼らにとって、私の全体的な健康状態を監視し、ワクチン接種が最新のものであることを確認することが重要です.さらに、私の健康についての懸念や質問について話し合う絶好の機会でもあります.

ワクチン接種を受けることは私の安全を守るだけでなく、地域の他の犬を守ることにもつながることを忘れないでください.これは、より健康的な犬の世界に向けた前向きな一歩です.

私の人間の友人、あなたは素晴らしい仕事をしてくれて、私の薬や予防接種の世話をしてくれました.投薬に関する最善のアドバイスや私に合わせた適切なワクチン接種スケジュールについては、常に獣医師に相談してください.あなたは私が求める最高の飼い主ですから、これから起こる健康上の課題を一緒に克服していきましょう！ワンワン!

この章では、不安を管理する上での薬と専門家のサポートの役割について検討しました.これらのオプションに慎重に取り組み、適切な専門家に相談することが重要です.それぞれのステップが、私にとって調和のとれた不安のない生活の構築に近づいています.

第7章

自分の中の介護者を育てる

親愛なる飼い主の皆さん、この章では、誰よりも優しい介護者であるあなたに焦点を当てます.自分自身と自分の不安に対処することは、やりがいがありますが、やりがいのある仕事です.あなたが私に最高のケアとサポートを提供できるように、あなた自身の健康を優先することが不可欠です.私たちが共有するこの愛に満ちた旅の中で、犬の飼い主のセルフケア、バランスを見つけ、サポートを求めてみましょう.

犬の衛生、私たちが知っておくべきこと

ワンワン!グルーミングに関するフレンドリーなアドバイスと、それが犬の不安とどのように関係するかを共有しましょう.グルーミングは私たち子犬の健康と気分を良くするために非常に重要です.グルーミングは犬に直接不安を引き起こすわけではありませんが、特定の品種ではグルーミング中に多少のストレスや不安を感じることがあります.グルーミングと犬の不安に関して考慮すべき点がいくつかあります.

敏感な足: 一部の犬は触ったり触ったりすることに敏感なので、グルーミングセッションが少し不快になります.飼い主は不安を引き起こさないように、グルーミング中は優しく忍耐強く接する必要があります.

怖い音:グルーミングには、バリカンやドライヤーなど、大きな音を出す奇妙な道具が使用されることがよくあります.これらの騒音は、毛皮で覆われた友人たちを驚かせたり、怖がらせたりすることがあります.穏やかで静かなグルーミング環境を作り出すと、私たちはリラックスしてより安心することができます.

ルーティンにする: 私たち犬はルーティンが大好きです.幼い頃からグルーミングをスケジュールの定期的な一部として取り入れると、プロセスに慣れることができ、不安が軽減されます.毛づくろいが一貫性がなかったり、頻度が低いと、私たちはそれを不快感や恐怖を連想させます.

爪と耳、慎重に扱ってください:爪切りや耳掃除などの一部の身だしなみ作業には、丁寧な取り扱いと拘束が必要です.あまりにも乱暴に扱われたり、あまりにもきつく拘束されたりすると、不安になることがあります.おやつや褒め言葉などのポジティブな強化は、グルーミングとポジティブな経験を結び付けるのに役立ちます.

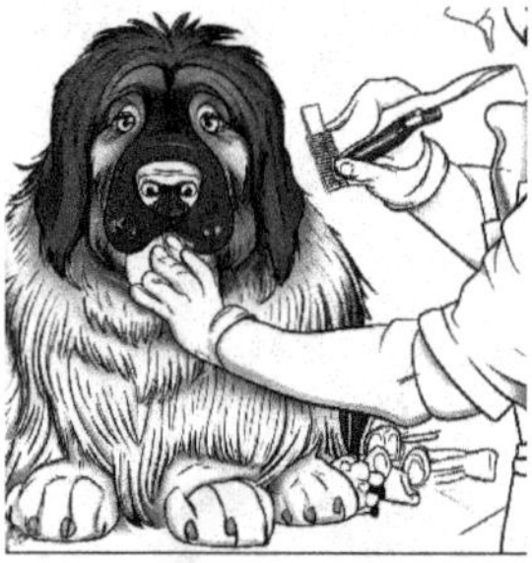

犬種特有のニーズ: 被毛の種類に応じて、各犬種には独自のグルーミング要件があります.私たちの中には、毛皮を美しく保つために定期的なブラッシングとグルーミングを必要とする人もいます.これらのニーズを無視すると、不快感や潜在的な健康上の問題が発生し、不安を感じる可能性があります.

グルーミング - 不安に関連したヒント:

子犬の頃からグルーミングに慣れるように、子犬から徐々にグルーミング活動を始めましょう.グルーミング中にポジティブな強化とご褒美を使用して、グルーミングをポジティブな経験にしましょう.グルーミング中にストレスや 不安を感じた場合は、休憩をとり、気持ちが落ち着いたときに再開してください.私たちの特定のニーズと被毛の種類に適したグルーミングツールを必ず使用してください.グルーミングが難しすぎる場合、または圧倒される場合は、専門家の助けを求めることを検討してください.

犬はそれぞれ個性があり、グルーミングの必要性や不安のレベルも異なります.辛抱強く理解し、前向きなグルーミング体験を提供することで、私たちの不安が軽減され、お互いにとってグルーミングの時間を楽しいものにすることができます.ワンワン!

オーケー、毛皮の両親! ちょっとした秘密を紹介したいと思います.第 17 章には、私の友人である 40 の人気のある犬種の衛生状態に関する詳細で非常に便利な表が掲載されています.まさに情報の宝庫をすぐに手に入れられるようなものです.この表には、毛皮で覆われた友人を清潔で健康に保つために知っておくべきすべてが記載されています.グルーミングのヒントからトリミングまで、すべてをカバーします.ああ、ところで、私が共有するものだけでは十分ではないことを常に覚えておいてください.私たちはひとりひとり違います! 常に専門家、私の友人の獣医師に相談した方がよいでしょう.それでは、第 17 章に進み、犬の衛生知識の世界を解き明かす準備をしてください.**40の人気品種の衛生詳細**をご覧ください.

犬の飼い主のためのセルフケア: バランスとサポートを見つける

不安を抱えている犬の世話は精神的にも負担がかかる場合があり、この旅を乗り切る中で自分自身を育てることが不可欠です.バランスを見つけて精神を補充するのに役立ついくつかのセルフケア戦略を以下に示します.

✓ **積極的な実践:** 喜びとリラクゼーションをもたらす活動に参加してください.ゆっくり散歩したり、マインドフルネスを実践したり、趣味に没頭したりするなど、魂を充電する活動の時間を作りましょう.

✓

✓ **自然とつながる:**自然の中で時間を過ごすことは、心を落ち着かせる素晴らしい方法です.ハイキングに連れて行ったり、公園で静かなひとときを楽しんだりしてください.自然の美しさは、安らぎと活力を与えてくれます.

✓ **連絡する:**耳を貸してくれたり、肩を寄せてくれる友人、家族、サポート グループに遠慮なく連絡してください.自分の経験や感情を共有すると、慰めと理解が得られます.

マインドフルネスを実践する:マインドフルネスとは、今この瞬間に存在し、意識を養い、判断せずに自分の感情を受け入れることです.マインドフルネスのテクニックを日常に取り入れて、心の平安と立ち直り力を養いましょう.

✓　**専門家のサポートを求める:** 私が専門家のサポートから恩恵を受けているのと同じように、セラピストやサポートグループの指導を遠慮なく求めてください.これらの専門家は、あなたの感情を表現できる安全な場所を提供し、あなたのニーズに合わせたアドバイスを提供します.

✓　親愛なる飼い主さん、自分を大切にすることは利己的なことではなく、不可欠なことであることを忘れないでください.あなたの健康を育むことで、あなたは私に最高のケアを提供する強さ、忍耐力、そして愛を確実に得ることができます.

第8章

毛皮で覆われた友人と，緒に禅を見つける

やあ、私の素晴らしい人間よ！素晴らしい仲間と一緒にマインドフルネスの世界に飛び込む準備はできていますか?この章では、喜びで尻尾を振るような落ち着きとバランスの感覚を生み出すマインドフルネスの技術を紹介します.一緒に禅の旅に出かけましょう！

マインドフルネスを受け入れる

ウーフとは何ですか?分解してみましょう.マインドフルネスとは、今この瞬間に存在し、心の平安を見つけることです.それが私たちの両方の生活にどのように調和をもたらし、ストレスを軽減し、絆を強めるかを発見します.まったく新しいレベルの一体感を解き放つ準備をしましょう!

毛むくじゃらのお友達と，緒にマインドフルネス

1. **一時停止して観察する:**毎日少し時間を取って、毛皮で覆われた友人を一時停止して観察してください.彼らの動き、表情、独特の癖に注目してください.気を散らしたり判断したりすることなく、完全に彼らと一緒にいてください.ただ一緒にいるだけのシンプルさを受け入れてください.
2.
3. **深呼吸：**深呼吸は心と体を落ち着かせる強力なツールです.深くゆっくりとした呼吸を練習し、毛むくじゃらのお友達を誘ってください.一緒に息を吸い、吐きながら、お腹のふくらみとへこみを感じてください.このシンクロニシティは、つながりとリラックスの感覚を生み出します.

4. **マインドフルな散歩：**いつもの散歩をマインドフルな冒険に変えましょう.周囲の景色、音、匂いに注意してください.あなたの五感をすべて働かせて、あなたの毛皮で覆われた友人にも同じようにするように励ましてください.急いでいる考えを手放し、一緒に世界を探索しながら、今この瞬間を楽しみましょう.

5. **優しいタッチとマッサージ：**タッチは絆を深め、リラックスさせる強力な方法です.一日を通して、毛むくじゃらのお友達を優しく撫でたり、心地よいマッサージをしてあげましょう.彼らの反応と、タッチを通じてつながるときに感じる感覚に注意してください.

6. **感謝と感謝の気持ち:**毛むくじゃらの友達に対して感謝の気持ちを育てましょう.時間をかけて、彼らがあなたの人生にもたらしてくれるすべての喜びと愛について考えてみましょう.言葉や抱っこ、おやつなどで感謝の気持ちを伝えましょう.この練習はポジティブな考え方を育み、絆を深めます.

親愛なる皆さん、マインドフルネスは旅であり、小さなことから始めても大丈夫です.重要なのは、毛皮で覆われた友人とのやり取りに意識と存在感をもたらすことです.私たちは一緒に、お互いの幸福を育む平和と静けさの空間を作り出すことができます.

この章では、毛皮で覆われた友人と一緒にマインドフルネスの世界を探索します.私たちは、今この瞬間を受け入れ、深呼吸を実践し、マインドフルな活動に参加することで、一緒に禅を見つけることができます.一体感と心の平和をもたらす素晴らしい旅に出発する準備をしましょう.

マインドフルな瞬間

足を動かし、呼吸し、手放す 立ち止まり、深呼吸して、すべての心配事を手放す時が来ました.マインドフルネスを実践するための簡単なテクニックをいくつか紹介します.

マインドフルな呼吸からグラウンディングのエクササイズまで、私たちは今ここにいてつながりを保ち、静けさの瞬間を作り出します.

1. **舞台を整える：**あなたとあなたの犬が気を散らすことなくリラックスできる、静かで静かなスペースを見つけてください.それはあなたの家の居心地の良い一角かもしれないし、静かな自然の場所かもしれません.

2. **深呼吸をする：**自分自身を集中させ、今この瞬間に集中するために、数回深呼吸をすることから始めます.ゆっくりと息を吸い、吐きながら、緊張やストレスを溶かしてください.

3. **愛犬を観察する:**毛皮で覆われた相棒を観察してみましょう.彼らのボディランゲージ、顔の表情、発する音に注目してください.彼らの動きと周囲への反応に注意してください.

4. **五感を働かせる：**五感を働かせ、犬にも同じように促すようにしましょう.優しく撫でながら毛皮の感触を感じたり、地面を踏む息や足の音に耳を傾けたり、独特の香りを嗅いでみたりしてください.これらの感覚体験の中に完全に存在できるようにしてください.

5. **沈黙を受け入れる：**犬と一緒に沈黙の瞬間を受け入れましょう.言葉で空間を埋めるのではなく、ただ平和な交わりの中で彼らと一緒にいてください.犬はあなたのエネルギーと存在を感知する優れた能力を持っており、この静かなつながりは非常に意味のあるものになる可能性があります.

6. **マインドフルタッチを実践する：**時間をかけて愛犬を優しくマッサージしたり、抱きしめてあげてください.心地よいタッチを与えながら、あなたの間のつながりと愛を感じてください.相手の反応に注意を払い、合図に応答して、快適さとリラクゼーションを提供します.

7. **思いやりのある遊び:**犬と遊ぶ時間を大切にしましょう.今この瞬間に集中し、プレイセッションの喜びに完全に浸ってください.彼らの遊び行動の詳細、彼らの目の興奮、そして彼らの幸せな鳴き声に注目してください.気を散らすものを手放し、共有された経験に完全に存在してください.

8. **感謝の気持ちを表現する：マインドフル**な瞬間に、あなたの人生における愛犬の存在に感謝の意を表しましょう.彼らがもたらす喜びと愛について思いを巡らせ、彼らの友情と忠誠心に対して、声を出さずに、あるいは口頭で感謝の気持ちを伝えましょう.

9. **犬のリードに従う：**犬にマインドフルな瞬間のペースと流れを導いてもらいましょう.彼らの好みを観察し、ニーズに応えます.彼らの手がかりや興味を尊重することで、より深いつながりとより統一された体験が生まれます

10. **つながりを楽しむ：**愛犬との心のこもった瞬間から深いつながりと絆を感じましょう.これらの共有経験の間に生まれる平和、愛、喜びを大切にしてください.目的地ではなく、愛する仲間と一緒に完全に存在する旅であることを忘れないでください.

11.

愛犬と一緒にマインドフルネスを実践することで、より強いつながりを育み、理解を深め、純粋な喜びと静けさの瞬間を作り出すことができます.一緒にマインドフルネスの旅を楽しみ、毛皮で覆われた友人との貴重な時間を大切にしましょう.

マインドフルウォーク

「今この瞬間」を散歩する これを想像してください.私たちは散歩に行きますが、注意を払ってひねりを加えます.自然に耳を傾け、足の下の地面を感じ、周囲の美しさに気づきましょう.私たちの散歩は単なる運動以上のものとなり、マインドフルな探検と絆の機会となるでしょう.

意図を設定します: マインドフルな散歩を始める前に、完全にその場にいて注意を払うという意図を設定してください.気を散らすものを置いて、好奇心と開放感を持って散歩に出かけましょう.

1. **五感を働かせる:** 歩きながら、五感をフルに働かせてください.足の下の地面の感覚に注目してください.太陽の温もりや風を肌に感じてください.鳥のさえずり、木の葉のそよぐ音、水の流れる音など、周囲の自然の音に耳を傾けてください.環境の香りを取り入れて、五感を満たしましょう.

2.　**好奇心を持ち続けてください:** 好奇心を持って散歩に取り組みましょう.色、形、質感など、周囲の細部を観察してください.見過ごされがちな小さな不思議に注目してください.毛皮で覆われたお友達に、彼らの好奇心を受け入れながら、探索して先導に従っていくよう促してください.

3.　**意識して呼吸してください:** 散歩中は常に自分の呼吸に注意を向けてください.ゆっくりと深呼吸をして、吸ったり吐いたりするたびに、今この瞬間にしっかりと集中してください.毛むくじゃらのお友達に同じように呼吸を合わせてもらいましょう.

4.　**感謝ウォーク:** 歩きながら、その瞬間に感謝していることに焦点を当てて、感謝の気持ちを練習しましょう.それは自然の美しさ、毛皮で覆われた友人との交友、またはあなたの人生のその他のポジティブな側面である可能性があります.感謝の気持ちを静かに、または声に出して表現すると、気持ちが高揚します.

5.　**マインドフルな動き:** 散歩に意識的な動きを取り入れましょう.足取りのリズム、腕の揺れ、毛皮で覆われた友達が隣で動く様子に注目してください.自分の体の感覚に意識を向け、動きを通して今この瞬間に同調してください.

覚えておいてください、親愛なる皆さん、マインドフルな散歩とは、目的地に到達することではなく、旅の途中で完全に存在することです.自然、あなた自身、そして毛皮で覆われた友人とつながる機会を受け入れてください.これらのマインドフルな探検の瞬間は、絆を深め、散歩に静けさをもたらします.

禅の空間づくり

あなたの家を天国のようなスイートホームにしましょう！私たちは私たちの生活空間を平和と静けさの安息の地に変えます.一緒に居心地の良いコーナーを作り、空気を落ち着く香りで満たし、喜びをもたらしてくれるものに囲まれましょう.私たちの禅殿は、私たちがリラックスして充電できる場所になります.

コージーコーナー: あなたとあなたの毛皮で覆われた友人がくつろいで安らぎを見つけることができる、家の中に居心地の良いコーナーを指定してください.快適なベッドを設

置したり、 クッションを敷いたり、柔らかい毛布を追加したり、枕を並べてさらに快適に過ごしましょう.隠れ家的でリラックスできる専用の空間にしましょう.

1. **心を落ち着かせる香り:**空気を心地よい香りで満たし、リラクゼーションを促進し、平和な雰囲気を作り出します.エッセンシャル オイルをディフューザーに入れるか、ラベンダーやカモミールなどの軽い香りのキャンドルを使用することを検討してください.選んだ香りがあなたの毛皮で覆われた友人にとって安全であることを確認してください.,

2. **整理整頓と簡素化:** 平穏を促進する乱雑な環境を作りません.生活空間を整理整頓し、不必要な気を散らさないようにしましょう.整理整頓されたシンプルな空間は、精神的な混乱を軽減し、あなたとあなたの毛皮で覆われた友人の両方にとってより平和な雰囲気を作り出すのに役立ちます.

3. **自然の要素:** 自然の要素を室内に取り入れて、静かな雰囲気を作り出します.ピースユリやスパイダープランツなどの屋内植物を置いて、空気を浄化し、緑のタッチを加えます.木や石などの天然素材を使って装飾すると、素朴で素朴な雰囲気が生まれます.

4. **楽しい装飾:** 喜びとポジティブなエネルギーをもたらすアイテムに囲まれてください.大切な思い出の写真を飾ったり、特別な意味を持つアートワークやオブジェクトを取り入れたり、平和や幸福感を呼び起こす色の装飾を選んだりしましょう.これらの意味のあるタッチはあなたの精神を高揚させ、調和のとれた雰囲気を作り出します.

マインドフルトレーニング

つながりと学習を育む トレーニングの時間により、新しいことを学びながら親密になることができます.私たちは忍耐、理解、愛を持ってコミュニケーションを図ります.トレーニング セッションに全力で参加することで、絆が深まり、素晴らしい結果を達成できるでしょう.

ムードを設定する: トレーニングセッションを開始する前に、落ち着いて集中できる環境を作りましょう.気を散らすものを最小限に抑え、お互いに集中できる静かな場所を選択してください.照明を落としたり、穏やかな心地よい音楽を流して、リラックスした雰囲気を作り出しましょう.

1.　**忍耐力を養う：** 忍耐と理解を持ってトレーニング セッションに取り組みます.学習には時間がかかり、一歩ずつ前進することが成果であることを忘れないでください.落ち着いて冷静さを保ち、イライラしたり声を荒げたりしないようにしましょう.ポジティブな強化と報酬が私たちの指針となります.

2.　**存在する:** トレーニング中は、毛皮で覆われた友人に完全に存在し、注意を払ってください.彼らに集中して注意を払い、彼らの合図と反応に集中してください.それに応じて反応し、相手のボディーランゲージ、発声、表情に注意を払います.この思いやりのある存在は、あなたのつながりと理解を深めます.

3.　**ポジティブな強化:** ポジティブな強化テクニックを使用して、望ましい行動を奨励し、報酬を与えます.褒めたり、おやつを与えたり、遊んだりすることは、トレーニングのプロセスを強化する動機付けとなる報酬となります.小さな勝利や進歩を祝い、毛皮で覆われた友人に彼らの努力をどれほど誇りに思っているかを伝えてください.

4.　**トレーニングによる絆:** トレーニング セッションは、コマンドを学ぶだけでなく、あなたと毛皮で覆われた友人との絆を強化することでもあります.つながり、コミュニケーションをとり、信頼を築く機会を活用してください.一緒に学習の旅を楽しみ、トレーニング セッションを双方にとって楽しく充実した経験にしましょう.

犬の音楽

この章を本当の話で締めくくりましょう.

わあ、少し前、私と人間は新しい場所への冒険に乗り出しました.さて、言っておきますが、車に乗るのは私にとって少し大変でした.ゴロゴロと見慣れない景色ばかりでした.数時間後、私たちは新しい顔とこれまで嗅いだことのない新しい部屋がいる新しい家に到着しました.

次に何が起こったか知っていますか? はい、不安が始まりました.私は部屋の隅々が安全基準を満たしていることを確認しながら、チャンピオンのようにペースを上げていました.数時間後、私たちは眠りにつきました.でもその後、私の素晴らしい人間のお母さん、彼女は私の守護天使のようなもので、魔法の装置を取り出して音楽を演奏してくれました.YouTubeという場所から.信じられますか? 光る小さな箱から音楽が!

私は最初は戸惑いましたが、彼女の携帯電話の匂いを嗅いでみると、ドーンと何かが起こりました.その曲は私の注意を引きつけ、気が付くと私は...リラックスした気分になっていました.はい、そうですよね! 私は緊張が解けていくのを感じ、リスが木に飛び上がるよりも早く夢の国に眠りに落ちました.

SCAN ME

私は人間用の道具の専門家ではありませんが、これだけは言えます.私たち子犬が内なる禅を見つけるのを助ける方法はたくさんあります.そしてあの音楽は? そうそう、あなたの耳をくすぐる場合に備えて、ここにリンクを貼っておきます. もしかしたら、家にいる毛むくじゃらのお友達に素晴らしい効果をもたらすかもしれません.あるいは、他の心地よい曲を探してみてもいいでしょう. QRコードをスキャンするか、以下のリンクを使用してください.

https://www.youtube.com/watch?v=E2Gnu9JGro0

リンクをコピーするのが難しいと思われる場合は、YouTube に簡単にアクセスして、「犬のためのリラックスした音楽 (12 時間の犬を落ち着かせる音楽)」を検索してください. すぐに嗅ぎ分けられますよ. 毛皮の仲間たちよ、心落ち着く音楽に魔法をかけましょう! あなたが私の本に飛び込むとき、リンクはまだそこにあるでしょう. でもまあ、散歩なら心配しないでください! 似たような犬の曲を検索して、心地よい雰囲気に身をまかせましょう.

時には、単純なことが魔法のように機能することがあるということを覚えておいてください.落ち着いて尻尾を振り続けてください!

第9章

トレーニング、ヒント、コツ

やあ、私の素晴らしい人間の友人よ！ 犬の訓練の魔法を発見する準備はできていますか?この章では、あなたが興奮して尻尾を振るような小さな秘密を紹介します.街で最も人懐っこい犬の訓練学校を嗅ぎ分ける準備をしましょう!

さまざまな品種のトレーニングの特徴

私たち犬を訓練する際、素晴らしい飼い主が心に留めておくべき重要な点がいくつかあります.

1. **忍耐：** 私たちは学びたいと思っていますが、コマンドを理解して従うには時間がかかります.どうぞ、ご辛抱ください.あなたの愛とサポートがあれば、私たちはそこに到達します.

2. **一貫性：** 私たちは日常的で明確な期待に基づいて成長します.一貫したルールを確立し、毎回同じコマンドとキューを使用する必要があります.そうすることで、お客様が私たちに何を求めているかを理解し、安心してトレーニングに参加することができます.

3. **ポジティブな強化:** 私たちは褒められたり、褒められたりするのが大好きです.私たちが何か正しいことをしたときは、ご褒美をあげたり、褒めたり、お腹をさすってあげてください.このポジティブな強化により、良い行動を繰り返すことが奨励され、トレーニングがさらに楽しくなります.

4. **タイミング:** 私たちのトレーニングではタイミングがすべてです.望ましい行動を実行したら、必ずすぐにご褒美を与えてください.これは、どの行動が報酬につながったのかを理解し、つながりを強化するのに役立ちます.

5. **短くて魅力的なセッション:** 私たちの注意力の持続時間は、リスが裏庭を訪れるのと同じくらい短い場合があります.したがって、トレーニング セッションは短く、魅力的なものにしてください. 1 日を通して 5 ～ 10 分の短時間のバーストは驚異的な効果をもたらします.私たちは集中して楽しみながら学び続けます!

6. **気を散らすことのない環境:** 最初は、気を散らすものを最小限に抑えた、静かで静かな場所で訓練するのが最善です.進行に合わせて、さまざまな設定でトレーニングを一般化できるように、気を散らす要素を徐々に導入していきます.ただし、トレーニング中はリスをしないでください.

7. **安全第一:** 私たちの安全は最も重要です!積極的で優しいトレーニング方法を使用してください.体罰や恐ろしいテクニックには決して頼らないでください.そして、トレーニングエリアが私たちにとって安全であることを常に確認してください.

8. **社会化:** 私たちは毛皮と人間の両方の新しい友達を作るのが大好きです!早期の社会化は私たちの成長にとって非常に重要です.私たちが自信を持ってフレンドリーな仲間に成長できるように、さまざまな人、動物、環境を紹介してください.

9. **明確なコミュニケーション:** 私たちはボディランゲージや声のトーンを読み取る専門家です.明確で一貫したコマンド、ジェスチャー、前向きな口調を使用して、効果的にコミュニケーションをとってください.私たちは常に学び、あなたを喜ばせる準備ができています!

10. **楽しみと絆:** トレーニングを楽しいものにしましょう！一緒に楽しみ、熱意を持って、小さな成果をすべて祝いましょう.トレーニングは私たちの素晴らしい絆を結び、強化する時間です.

覚えておいてください、犬はそれぞれ個性があり、ある犬に効果があったとしても、別の犬にも効果があるとは限りません.トレーニングが難しいと感じたり、指導が必要な場合は、ポジティブ強化テクニックを使用する認定ドッグ トレーナーに連絡することを検討してください.愛、忍耐、そして一貫性を持って力を合わせれば、私たちは素晴らしいことを成し遂げることができます.しっぽを振って一緒にトレーニングの冒険に出かけましょう！

繰り返しになりますが、各品種には独自の特別な資質とトレーニングの必要性があるため、何が彼らの尻尾振りの素晴らしさを発見するでしょう.忠実で賢いジャーマン シェパードから、陽気でエネルギッシュなラブラドール レトリバーまで、さまざまな犬種を見つけることができます.活発なオーストラリアン シェパード、賢いボーダー コリー、または優しく愛情深いゴールデン レトリバーに興味がある場合でも、第 14 章で説明します.

ビーグルの嗅覚能力がどのように彼らを素晴らしい追跡者にし、ベルジアン マリノアの知性と行動力がさまざまな訓練活動で優れているのかを発見してください.バーニーズ マウンテン ドッグの穏やかな性質やボクサーの学習への熱意の可能性を解き放ちます.

各犬種はユニークであるため、時間をかけて犬種特有のニーズを理解し、それに応じてトレーニングのアプローチを調整することを忘れないでください.愛情、忍耐、そして適切なトレーニング技術によって、毛皮で覆われた友人との切れない絆を築くことができます.トレーニングを頑張ってください.そしてあなたの旅がしっぽを振り、終わりのない喜びで満たされますように!

人気の犬種とその訓練の特徴に関する素晴らしい情報を共有できることを嬉しく思います.私の本の第 17 章には、人気のある 40 犬種とその独特の訓練特性の包括的なリストが記載されています. **40の人気品種のトレーニング側面表**を確認してください.

最高のものを嗅ぎ分ける

探偵の帽子をかぶって、あなたの地域の一流の犬の訓練アカデミーを嗅ぎ分けてみましょう.これらの場所は、私たちクールな犬にとって学校のようなもので、あらゆる種類の素晴らしいことを学ぶことができます.私たちをトレーニングのスーパースターに変える隠された宝石を発見する準備をしてください!

1. **調査と推奨事項:** まずはお住まいの地域の犬の訓練アカデミーを調べてください.高い評判と成功実績のあるアカデミーを探してください.犬の飼い主仲間、獣医師、または地元の犬関連コミュニティからの推薦を求めてください.彼らの直接の経験は貴重な洞察を提供します.

2. **アカデミーを訪問する**:候補となるトレーニング アカデミーのリストを入手したら、環境を感じたり、トレーニング メソッドを観察したりするために訪問のスケジュールを立てます.施設の清潔さと安全性、トレーナーやスタッフの態度にも注意してください.効果的な学習には、歓迎的で前向きな雰囲気が不可欠です.

3. **トレーニング哲学**:アカデミーが採用しているトレーニング哲学と方法についてお問い合わせください.積極的な強化と力を使わないテクニックを優先するアカデミーを探してください.罰や過酷なトレーニング方法に頼ったアカデミーは避けてください.これらは私たちの幸福を損ない、あなたと毛皮で覆われた友人との絆を傷つける可能性があります.

4. **トレーナー資格:** アカデミーのトレーナーの資格や認定について質問してください.正式な教育を受け、プロフェッショナル ドッグ トレーナー認定評議会 (CCPDT) などの信頼できる組織からの証明書を取得したトレーナーを探してください.資格のあるトレーナーは、私たちの行動や個人のニーズを理解する能力を備えています.

5. **クラス構成とカリキュラム**:アカデミーのクラス構成とカリキュラムについてお問い合わせください.さまざまなレベルのトレーニングや特定のニーズに合わせたさまざまなクラスを提供するアカデミーを探してください.基本的な服従、高度なトレーニング、または専門的なコースを探している場合でも、目的に応じたアカデミーをお選びください.

6. **トレーニング方法とテクニック:** 授業中に使用される具体的なトレーニング方法やテクニックについて質問してください.報酬ベースのトレーニングなどのポジティブ強化テクニックは非常に効果的で、ポジティブな学習体験を促進します.私たちの幸福を傷つけ、進歩を妨げる可能性があるため、嫌悪感や罰に基づいた方法を使用するアカデミーは避けてください.

7. **レビューと感想:** 検討しているアカデミーの以前の顧客からのオンラインのレビューや体験談を読んでください.彼らの経験は、トレーニング プログラムの有効性、トレーナーの専門知識、クライアントの全体的な満足度についての洞察を提供します.一貫した肯定的なフィードバックと成功事例を探してください.

8. **体験授業・相談会:** 一部のアカデミーでは、トレーニング方法を実際に体験できる体験クラスやコンサルティングを提供しています.これらの機会を利用して、アカデミーのアプローチを評価し、トレーナーの実際の活動を観察し、それがあなたの目標や価値観と一致しているかどうかを確認してください.評判の良い、思いやりのある犬の訓練アカデミーを慎重に選択することで、あなたの内なるスーパーヒーローを解放し、毛皮で覆われた友人との絆を強化する訓練の冒険に乗り出すことができます.卓越したトレーニングの新たな高みに飛び上がる準備をし、途中で尻尾を振る楽しい時間を過ごしましょう!

素晴らしいクラス

子犬の基本から高度な効率まで 夢のアカデミーを見つけたら、そのアカデミーが提供する素晴らしいクラスに飛び込みましょう.子犬の基本から高度な効率まで、これらのクラスは私たちのトレーニングスキルを向上させるためにオーダーメイドされています.ドッグランで話題になるコマンドやコツ、マナーを学びましょう!

1. **子犬の基本:** 若い子犬を飼っている場合は、子犬の基礎クラスから始めてください.このクラスは、社会化、お座りや滞在などの基本的なコマンド、適切なリードのマナーに焦点を当てています.これは私たちのトレーニングの旅の完璧な基盤です.
2. **服従訓練:** 服従訓練クラスは、あらゆる年齢の犬に必要です.これらのクラスでは、座る、座る、留まる、思い出すなどの重要なコマンドを教えます.私たちはこれらのコマンドに確実に応答することを学び、どんな状況でも行儀の良い仲間になります.

3. **上級訓練:** 基本をマスターしたら、高度なトレーニング クラスでレベルアップする必要があります.これらのクラスでは、より複雑なコマンド、高度なトリック、リードなしの制御に挑戦します.私たちはトレーニング スキルを効率的に向上させ、その能力で誰もが感動できるようにします.

4. **Canine Good Citizen (CGC) の準備:**

Canine Good Citizen プログラムは、現実のさまざまな状況における犬の行動とマナーを評価するように設計されています. CGC 準備クラスは、CGC テストの準備に焦点を当てています. これは、セラピー活動やその他の犬関連の活動への扉を開く大きな成果となります.

QR コードをスキャンするか、:Canine Good Citizenを検索するか、以下の完全なリンクを使用してください.

https://www.akc.org

AKC は 1884 年に設立された非営利団体です.私は彼らの最初の言葉が大好きです."AKC では、すべての犬は良い犬になれるし、すべての飼い主は素晴らしい飼い主になれると信じています.必要なのは、少しの訓練だけです. たくさんの愛、そしてもちろん途中でたくさんの賞賛も込めて."

AKC は 1884 年に設立された非営利団体です.私は彼らの最初の言葉が大好きです." AKC では、すべての犬は良い犬になれるし、すべての飼い主は素晴らしい飼い主になれると信じています.必要なのは、少しの訓練だけです. たくさんの愛、そしてもちろん途中でたくさんの賞賛も込めて."

5. **敏捷性とスポーツ:** エネルギーに満ちた楽しみを探しているなら、敏捷性とスポーツのクラスが最適です.障害物コースを移動したり、ハードルを飛び越えたり、ポールをすり抜けたりする方法を学びます.これらのクラスは身体的な運動を提供し、集中力、調整力、チームワークを強化します.

子犬の基本から高度な効率まで 夢のアカデミーを見つけたら、そのアカデミーが提供する素晴らしいクラスに飛び込みましょう.子犬の基本から高度な効率まで、これらのクラスは私たちのトレーニングスキルを向上させるためにオーダーメイドされています.ドッグランで話題になるコマンドやコツ、マナーを学びましょう!

ワークショップとセミナー

あなたの内なる天才を解き放ちましょう.楽しいのは授業だけではありませんので、垂れた耳にしっかりとつかまってください.ドッグトレーニングアカデミーでは、驚くべきワークショップやセミナーも提供しています.服従から敏捷性、さらには犬のスポーツまで、あらゆるものについての内部情報を入手します.私たちの脳と体は、油をたっぷり塗った機械のように連携して働くことになります.

1. **服従を再確認する:**服従を再確認するワークショップで常に意識を高めてください.これらのセッションは私たちの基礎的な服従スキルを強化し、トレーニング技術を微調整することを可能にします.これはトレーニングを予定通りに進めるための素晴らしい方法です.

2. **専門ワークショップ:**ドッグトレーニングアカデミーは、特定の分野のトレーニングや行動に焦点を当てた専門ワークショップを提供することがよくあります.リードへの反応性から分離不安まで、これらのワークショップは、特定の課題を管理し対処するための貴重な洞察とテクニックを提供します.

3. **犬のスポーツ:**フライボール、ドックダイビング、香りの仕事などのドッグスポーツに興味がある場合は、ドッグトレーニングアカデミーがこれらのアクティビティに特化したワークショップを提供しています.これらのスポーツで優位に立つためのルール、テクニック、戦略を学び、楽しみながらスポーツを楽しみましょう.

4. **行動セミナー:**行動セミナーでは犬の行動の科学を掘り下げ、私たちの行動や反応の背後にある理由を理解するのに役立ちます.これらのセミナーは、行動の修正、問題解決、そして私たちと人間の仲間との間の調和のとれた関係の構築に関する貴重な知識を提供します.

忘れないでください、私の素晴らしい人間の友人よ、ドッグトレーニングアカデミーの素晴らしいクラスに参加したり、ワークショップやセミナーに参加したりすることは、私たちのトレーニングスキルを向上させ、精神的な刺激を与え、身体的な運動を提供し、私たちの絆を強化します.私たちの内なる天才を解き放ちながら、しっぽを振りながら楽しい時間を過ごす準備をしましょう!

あなたの内なる天才を解き放ちましょう.楽しいのは授業だけではありませんので、垂れた耳にしっかりとつかまってください.ドッグトレーニングアカデミーでは、驚くべきワークショップやセミナーも提供しています.服従から敏捷性、さらには犬のスポーツまで、あらゆるものについての内部情報を入手します.私たちの脳と体は、油をたっぷり塗った機械のように連携して働くことになります.

ソースとツール

トレーニング アーセナルを構築する これらのアカデミーで利用できる素晴らしいリソースとツールを忘れないでください.トレーニング ガイドからインタラクティブなおもちゃまで、トレーニング マスターになるために必要なものがすべて揃っています.これらのツールが不安を克服し、トレーニングを楽しくするのにどのように役立つかを見ていきます.

1. **トレーニング ガイドと書籍:** 犬の訓練アカデミーでは、基本的な服従から高度な訓練まで、幅広いトピックをカバーする訓練ガイドや本を取り揃えていることがよくあります.テクニック.これらのリソースは、トレーニングの過程をサポートするための貴重な知識と段階的な手順を提供します.
2. **おやつとご褒美:** おやつやご褒美は、ポジティブな強化トレーニングに不可欠なツールです.ドッグトレーニングアカデミーでは、私たちにおいしくてやる気を与えてくれる、さまざまな高品質のおやつを提供しています.また、望ましい行動を強化するためにおやつを効果的に使用するためのガイダンスも提供します.
3. **クリッカーのトレーニング:** クリッカー トレーニングは、クリック音を使用して望ましい行動をマークし、その後にご褒美を与える一般的な方法です.ドッグトレーニングアカデミーはクリッカーを提供し、トレーニングセッション中に正確なコミュニケーションとタイミングを得るためにクリッカーを効果的に使用する方法を教えてくれます.

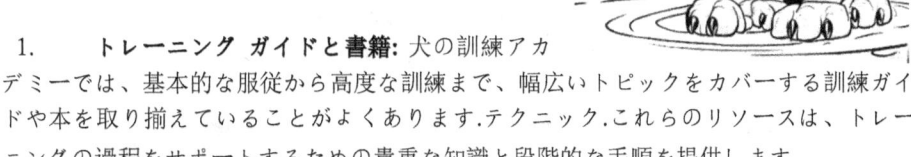

4.　**インタラクティブなおもちゃ:** インタラクティブなおもちゃを通じて心と体を動かすことは、楽しくてやりがいのあるトレーニング方法です.犬の訓練アカデミーでは、精神的な刺激を与え、楽しみながら新しいスキルを学ぶのに役立つ特定のおもちゃを推奨する場合があります.

5.　**トレーニング機器:** 参加するトレーニングの種類に応じて、ドッグトレーニングアカデミーは、敏捷性の障害物、長いライン、ハーネスなどのトレーニング用具を提供する場合があります.これらのツールはトレーニング体験を強化し、特定のスキルやアクティビティを習得するのに役立ちます.

トレーニング アーセナルを構築する これらのアカデミーで利用できる素晴らしいリソースとツールを忘れないでください.トレーニング ガイドからインタラクティブなおもちゃまで、トレーニング マスターになるために必要なものがすべて揃っています.これらのツールが不安を克服し、トレーニングを楽しくするのにどのように役立つかを見ていきます.

内なるスーパーヒーローを解き放つ

変革が始まります あなたの内なるスーパーヒーローを解き放つ準備はできていますか?これらの犬の訓練アカデミーの助けを借りて、私たちは自分自身の最高のバージョンになるでしょう.私たちは自信を持ち、新しいスキルを学び、絆を強めます.私たち真のスーパースターのように輝く準備をしましょう!

さて、私の四本足の相棒ょ、犬の訓練アカデミーに入学し、私たちを訓練の伝説に変える冒険に乗り出す時が来ました.お住まいの地域のアカデミーを探してクラスに参加し、生まれながらのトレーニング スーパーヒーローになりましょう!一緒に課題を克服し、生涯続くスキルを身につけ、生涯続く強くて楽しい絆を築きましょう 内なるスーパーヒーローを解き放ち、エキサイティングなトレーニングの旅に乗り出す準備をしましょう!

変革が始まります あなたの内なるスーパーヒーローを解き放つ準備はできていますか?これらの犬の訓練アカデミーの助けを借りて、私たちは自分自身の最高のバージョンになるでしょう.私たちは自信を持ち、新しいスキルを学び、絆を強めます.私たち真のスーパースターのように輝く準備をしましょう!

さて、私の四本足の相棒よ、犬の訓練アカデミーに入学し、私たちを訓練の伝説に変える冒険に乗り出す時が来ました.お住まいの地域のアカデミーを探してクラスに参加し、生まれながらのトレーニング スーパーヒーローになりましょう!

トレーニングの例

こんにちは、人間の友達! 一緒にしっぽを振りながら学び、絆を深めましょう!

1. **きれいに座ってください:** プロのような座り方を教えてください! おいしいおやつを鼻の上に持って、そっと後ろに動かしながら、手を伸ばそうとします.おやつに従っていると、お尻が自然に下がって座位になります.お座りしたら褒めてご褒美におやつをあげてください.きれいに座るコツをマスターするまで、これを数回繰り返します.

2. **足を振る:**握手のスキルを披露しましょう!まずは閉じた手におやつを持って私に差し出しましょう.私がおやつを手に入れようとしてあなたの手に前足を向けたら、「シェイク」と言って、手を開いて私にそれを持たせてください.あなたと足を振るときは、褒めてたくさんの愛を与えてください.私たちは町で一番の握手者になります!

3. **ハイタッチ:** ハイタッチが嫌いな人はいないでしょうか? 片手におやつを持ち、頭の上に少し持ち上げます.私が手を伸ばしてあなたの手に触れたら、**ハイタッチをして**、おやつをあげてください.元気いっぱいのハイタッチでチームワークを祝いましょう!

4. **そのまま待ってください:** これはすべて自制心に関するものです.まずは私に座るか横になるように頼みます.私が位置に着いたら、一時停止の標識のように手を上げて、「Stay」または「Wait」と言ってください.一歩下がって、その場に留まったら褒めてご褒美をあげてください.徐々に距離と滞在時間を延ばしていきます.忍耐力が重要です.私はその場に留まる達人になります!

5. **想起：** 呼ばれたら来る練習をしましょう！安全な場所からスタートし、熱心に私の名前を呼び、追いかけるように促しながら数歩後ろ向きに走ります.追いついたときは、おやつとたくさん褒めてご褒美をあげてください.この追跡ゲームは、とてもエキサイティングで楽しいものになります.

6. **そのままにしておきます：「放置」コマンド**を使って誘惑に抵抗してください.閉じた手でおやつを見せて、「放っておいてください」と言います.私がおやつをもらうのをやめたら、もう一方の手から別のおやつを与えて、褒めてください.地面にあるおもちゃや食べ物など、より魅力的なアイテムを使用して、徐々に難易度を上げてください.練習してほったらかしのプロになってみます！

人間の友、トレーニングは常に前向きで楽しく、報酬と愛に満ちたものでなければならないことを忘れないでください.セッションは短く充実させ、定期的に練習して学んだことを強化してください.私たちは一緒にこれらのトレーニング例をマスターし、切れない絆を築きましょう.しっぽを振って一緒にトレーニングの冒険に出かけましょう！

第10章

般的な健康と40の人気のある品種の不安のまとめ

健康、年齢、予防接種

ワンワン！今日は、魅力的な犬の健康とウェルネスの世界に飛び込みます.健康状態、年齢、エネルギーレベル、ワクチン接種、予防ケアなどのさまざまな要因が私たちの幸せにどのように影響し、不安を寄せ付けないようにすることが重要です.

まずは健康について話しましょう.あなたと同じように、私たち犬も定期的な健康診断と最高の体調を維持するためのケアが必要です.私たちは、いくつかの一般的な健康上の問題に遭遇したり、品種に基づいた特定の素因を持ったりする可能性があります.だからこそ、不快感や異常な行動の兆候がないか注意し、必要に応じて獣医師に連れて行ってください.予防が鍵であることを忘れないでください.

年齢について言えば、年齢を重ねるにつれてニーズも変化します.子犬はエネルギーの塊であり、多くの遊び**時間**と訓練を必要としますが、高齢犬にはもう少し余裕があり、よりリラックスした日課が必要な場合があります. **TLC**とは、 Tender Loving C areを意味します.犬の年齢が上がるにつれて、私たちの健康を確保するために、もう少し特別な配慮と愛情が必要になるかもしれません. TLC には、快適な生活環境を提供すること、年齢に応じた穏やかな運動を提供すること、健康状態の変化を監視すること、変化するニーズに合わせて日常生活を調整することなどが含まれます.それは、私たちがシニア期を迎えたときに、特別な愛、配慮、サポートを示すことです.ご理解いただき、追加の TLC をご提供いただきありがとうございます.ライフステージごとに活動を調整し、適切な栄養を提供することで、私たちは健康で活力に満ちた状態を維持できます.

エネルギーレベルは私たちの幸福に大きな役割を果たします.ボーダーコリーやオーストラリアンシェパードなどの一部の品種は、エネルギーが豊富で、十分な運動と精神力を必要とします.幸せであり続けるための刺激.ブルドッグやシーズーのような他の犬は、よりのんびりしていて、寄り添ったり、のんびりと散歩したりすることを好みます.エネルギーレベルと適切な活動量を一致させることは、バランスの取れた不安のない生活には不可欠です.

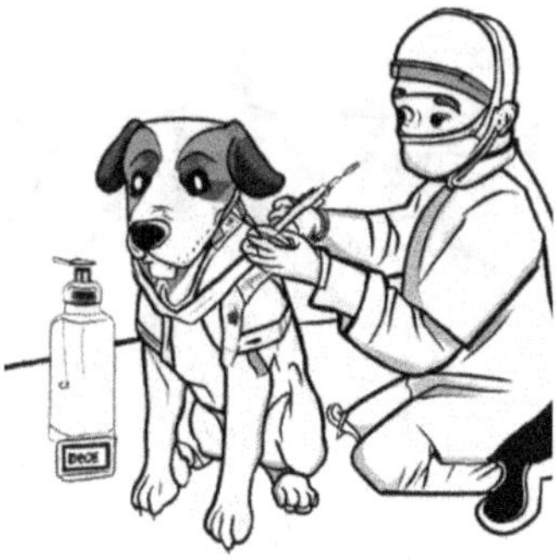

さて、予防接種について話しましょう！ワクチン接種は、有害な病気から私たちを守るスーパーヒーローの盾のようなものです.犬種ごとにワクチン接種の要件が異なる場合があるため、獣医師の推奨に従い、予防接種を最新の状態に保つことが重要です.これは私たちの健康を維持し、病気のストレスを防ぐのに役立ちます.

予防ケアは、私たちの健康のもう 1 つの重要な側面です.定期的な身だしなみ、歯のケア、寄生虫の予防により、私たちは見た目も気分も最高の状態に保たれます.今日は私たちにとってスパの日のようなものです！さらに、適切な栄養とバランスの取れた食事は、私たちの全体的な健康をサポートするために不可欠です.

しかし、待ってください、まだあります!第 17 章では、非常に便利な表の形で情報の宝庫を見つけることができます.これは、40 の人気のある品種と、その特有の健康上の懸念、エネルギー レベル、ワクチン接種の期間、予防ケアのニーズに関する知識の宝庫のようなものです.これは、特定の品種の潜在的な健康上の問題や不安の引き金を理解し、対処するのに役立つ、簡単で便利なリファレンス ガイドです. **40 の人気のある品種の一般的な健康状態と年齢のデータ**をチェックしてください.

私の食べ物

うわー、毛皮で覆われた友達たちよ！他の犬種の友達の概要を説明する前に、少し休憩しましょう.私たちが世界で一番好きなものの 1 つである食べ物について話したいと思います.賢い犬として、私たちのおなかを幸せで健康に保つために、何を食べていいのか、何を食べてはいけないのかをご案内したいと思います.おなかがいっぱいになると、私たちはクールになります…だから、聞いて、掘り下げてみましょう！

第10章

まず第一に、私たちの食事は栄養価が高くバランスが取れている必要があります.私たちはタンパク質、炭水化物、健康的な脂肪、ビタミン、ミネラルの組み合わせが必要です.私たちの主な食事は、私たちの特定の栄養ニーズを満たす高品質のドッグフードで構成されている必要があります.まるで私たちだけのオーダーメイドメニューのようです！ここでは、私たちが楽しめる犬に優しい食べ物のリストをご紹介します.

- 鶏肉、七面鳥、牛肉などの赤身の肉（もちろん、調理済みで骨なしです！）
- サーモンやマグロなどの魚（調理済み、骨なし）
- リンゴ、バナナ、スイカなどの果物（適量、種や種のないもの）
- ニンジン、インゲン、サツマイモなどの野菜（茹でて一口大に切る）
- 米やオートミールなどの全粒穀物（調理済み）
- プレーンヨーグルトなどの乳製品（一部の犬は乳糖不耐症であるため、適度に）

でもリードはしっかり持ってね！すべての食品が私たちにとって安全であるわけではありません.決して食べてはいけないものをいくつか紹介します.

- **チョコレート（私たちにとって有毒である可能性があるため、絶対にダメです！）**
- **ブドウとレーズン（腎臓に損傷を与える可能性があります）**
- **玉ねぎ、にんにく、チャイブ（犬にとって有害な物質が含まれています）**
- **アボカド（種、皮、果肉にはペルシンと呼ばれる有毒物質が含まれています）**
- **キシリトール（一部の人間の食品やチューインガムに含まれる甘味料で、私たちにとって有毒です）**

私たちの親愛なるオーナーの皆さん、この表は素晴らしい出発点ですが、私たちを個人として扱うことが重要であることを忘れないでください.同じ品種であっても、私たちのニーズは異なる場合があります.したがって、私たちを注意深く観察し、私たちの行動を観察し、常に獣医師などの専門家に個別のアドバイスを求めてください.

ああ、食べ物といえば、ジャンクフードについて真剣な話をしましょう.カリカリのポテトチップスやチーズのようなパフは味覚を刺激するかもしれませんが、私たちの体には良くありません.ジャンクフードは体重増加、消化器系の問題、さらには深刻な健康上の問題を引き起こす可能性があります.ですから、スナックの隠し場所を私たちと共有したいという誘惑には抵抗してください.

犬はそれぞれ個性があるので、食事を変える前に私たちのスーパーヒーローである獣医師に相談することが重要であることを忘れないでください.彼らは、毛皮で覆われたコンパニオンの具体的な食事のニーズと分量についてガイドします.

最後に、食品の保管と鮮度には特に注意しましょう.食品は、有害な害虫から離れた、涼しく乾燥した場所に保管してください.有効期限を確認し、パッケージに損傷がないことを確認してください.匂い、質感、外観の変化に気付いた場合は、安全を考えて新しいバッグを入手することをお勧めします.

ですから、私の肉球仲間の皆さん、栄養価の高い食事を提供して、お腹を幸せに動かし続けましょう.愛情深い飼い主の指導と獣医師の見守りによって、私たちは生涯にわたって美味しく健康的な食の冒険を楽しむことができます.毛むくじゃらの美食家たちよ、よろしく!

私のチェックリスト

便利で実践的なことについて話しましょう.次の兆候に注意してください.

1. **食欲や食習慣の低下**:食事の時間にそれほど興奮していない場合は、犬のブルースの兆候である可能性があります.
2. **活動に対する熱意や関心の欠如:** 私がいつも遊んでいるときにどのように飛び跳ねているか知っていますか? まあ、私がそこまで興奮していないとしても、何かが起こっているかもしれません.
3. **睡眠パターンの変化または過剰な睡眠:** 犬には美容休息が必要ですが、私がいつもより居眠りしている場合は危険信号かもしれません.
4. **エネルギーレベルの低下と活動の低下:** 私の気分が憂鬱になっている場合、私がいつもほど活発でなく、遊び心がないことに気づくかもしれません.
5. **社会的交流から身を引く:** 通常、私はあなたや毛むくじゃらの友達と一緒にいるのが大好きですが、私が社会的な交流を避けている場合、それは何かが正しくない兆候です.
6. **落ち着きのなさやイライラなどの行動の変化:落ち着きのなさやイライラなど、普段と違う**行動をしている場合、それは自分の気分が最高ではないことを示しているのです.

さて、これらの兆候に気づいたらどうすればよいでしょうか? 次にいくつかのフォローアップアクションを示します.

1. **以下を観察して文書化します.** 私の行動、食欲、活動レベルに気づいた変化を記録してください.

2. **獣医師に相談する:**私の行動やあなたが抱えている懸念事項について話し合うために、獣医師との予約を取りましょう.

3. **健康診断:** 獣医師は、根本的な健康上の問題を除外するために、私に徹底的な身体検査を行う必要があります.

4. **行動評価:** 私の精神的な健康状態を評価できる専門の犬行動学者またはトレーナーに指導を求めることを検討してください.

5. **環境の豊かさ:** 精神的な刺激、インタラクティブなおもちゃ、気分を高揚させるアクティビティを提供してください.

6. **運動と遊び:** 私の身体的および精神的な健康を促進するために、私と一緒に定期的な運動や遊びのセッションに参加してください.

7. **ルーチンを維持する:**安定性と構造を提供するために、一貫した毎日のルーチンを確立します.

8. **絆と愛情:** 私たちの絆を強めるために、私に愛、注目、愛情を注いでください.

9. **治療または投薬を検討してください:** 重症の場合、獣医師は犬のブルースを管理するための治療法や投薬を勧めるかもしれません.

犬はそれぞれ個性があるため、アプローチは異なる場合があることを覚えておいてください.ただ注意深く、忍耐強く、思いやりを持って私に接してください.あなたの愛とサポートがあれば、私たちは一緒に犬のうつ病に取り組み、私の精神的な健康に良い影響を与えることができます.しっぽを振って元気を出していきましょう! ワンワン!

40人気犬種の不安まとめ

ここで、私の友人の不安レベルをまとめて紹介します.ただし、心配しないでください.その後、それぞれが一人ずつステージに上がり、愛らしい写真とともに自分自身についての詳細を共有します.彼らのユニークな性格、癖、不安の引き金などを掘り下げる機会が得られます.ですから、楽しみにしていて、私の素晴らしい友人たちに間近で個人的に会う準備をしてください.私たちは一緒に、犬の不安という興味深い世界を解明し、毛皮で覆われた仲間をサポートし、理解するための最良の方法を見つけていきます.しっぽを振る冒険の準備をしましょう！横糸！

Alaskan Malamutes 力強さと持久力で知られる**アラスカン・マラミュートは**、雄大で独立した使役犬です.彼らは一般に友好的で社交的ですが、適切に管理されないと特定の行動上の問題を引き起こす傾向があります.アラスカン・マラミュートは、人間の仲間との別れや環境の変化などの状況で不安を経験することがあります.アラスカン・マラミュートの不安の兆候には、過度の吠え、遠吠え、穴掘り、または破壊的な行動が含まれる場合があります.不安を和らげるために、飼い主は定期的な運動と精神的な刺激を与える必要があります.ハイキング、そり滑り、服従訓練などの活動に参加させると、身体的および精神的なニーズを満たすことができます.一貫したルーチンを確立し、安全で快適な空間を提供することも、彼らがより安心するのに役立ちます.ポジティブ強化トレーニング手法は、報酬や賞賛にポジティブに反応するため、効果的です.彼らが不安を克服し、バランスの取れた幸せな生活を送っていけるようにするには、忍耐、理解、そして愛情を持ったアプローチが不可欠です.

Australian Cattle オーストラリアン キャトルは賢く活発な牧畜犬ですが、適切に刺激されないと不安を感じやすい場合があります.過剰に吠える、穴を掘る、多動などの行動を通じて不安を示す場合があります.定期的な身体運動、精神的刺激、仕事を提供することは、不安を軽減するのに役立ちます.これらの犬は、敏捷性、服従、牧畜試験などの活動に優れており、エネルギーを注ぎ、目的意識を与えることができます.オーストラリアン・キャトル・ドッグは一貫した報酬ベースのトレーニングによく反応するため、構造化されたトレーニングと積極的な強化方法が最も効果的です.オーストラリアン・キャトル・ドッグは、適切なケア、配慮、エネルギーのはけ口があれば、不安を克服し、幸せでバランスのとれた仲間として成長することができます.

Australian Shepherds **オージー**としても知られる**オーストラリアン シェパードは**、高度に知的で活動的な犬であり、適切に管理されていないと不安になりやすいです.過度の吠え、破壊的な噛み、または落ち着きのなさによって不安を示す場合があります.オーストラリア人は精神的および肉体的な刺激で成長するため、不安を軽減するには定期的な運動、インタラクティブなおもちゃ、トレーニングセッションが不可欠です.これらの犬は、服従、敏捷性、牧畜試験などの活動に優れており、目的意識を与え、エネルギーを導くのに役立ちます.ポジティブな強化トレーニング方法、一貫したルーチン、社交性は、彼らの健康にとって非常に重要です.オーストラリアン・シェパードは、適切なケア、配慮、そして知性とエネルギーのはけ口があれば、不安を克服し、忠実で愛情深い仲間として幸せで充実した生活を送ることができます.

Beagles 愛らしい見た目とフレンドリーな性格で知られる**ビーグル犬は**、特定の状況で不安を感じることがあります.ビーグル犬の不安の兆候には、過度の吠え、遠吠え、落ち着きのなさなどが含まれる場合があります.彼らの人間の仲間は、彼らが安心して安心できるよう、彼らの不安を理解し、対処しなければなりません.ビーグル犬にとって、余分なエネルギーを燃焼させ、健康な精神状態を維持するには、定期的な運動が不可欠です.パズル玩具やインタラクティブなゲームによる精神的刺激は、子どもの心を集中させ、不安を軽減するのに役立ちます.一貫した日常生活と、穏やかで体系化された環境を作り出すことは、ビーグル犬に安心感を与えることができます.ポジティブ強化トレーニング方法は、自信を築き、良い行動を強化するため、彼らにとって最も効果的です.ビーグル犬が不安を感じているとき、人間からの優しい安心感や慰めが大きな違いを生みます.忍耐、理解、そして愛情深いアプローチにより、ビーグル犬とその人間は協力して不安を管理し、幸せでバランスのとれた生活を送ることができます.

Belgian Malinois ベルジアン・マリノアは、その知性と作業能力で知られ、非常に活動的で意欲的な犬です.彼らは通常、自信があり集中力がありますが、特定の状況では不安になりやすいこともあります.ベルギーマリノアの不安症の兆候としては、過剰な吠え、歩き回り、落ち着きのなさ、破壊的な行動などが挙げられます.彼らの不安を軽減するには、人間の仲間が定期的な運動と精神的刺激を与える必要があります.服従訓練、敏捷性、または香りの仕事に参加させることは、彼らのエネルギーを流し、目的意識を与えるのに役立ちます.さまざまな環境やさまざまな人や動物の周りでより快適に感じるためには、幼い頃からの社会化が非常に重要です.ポジティブ強化トレーニング方法は、ご褒美や賞賛によく反応するため、ベルジアン・マリノアに最も効果的です.穏やかで体系化された環境を作り、一貫したルーチンを確立し、避難できる快適な空間を提供することも、不安を軽減するのに役立ちます.ベルギーマリノアは、適切なケア、訓練、理解があれば、成長し、バランスの取れた充実した生活を送ることができます.

Bernese Mountain Dogs バーニーズ・マウンテン・ドッグ 優しくて愛情深い性格のため、状況によっては不安を感じることもあります.バーニーズ・マウンテン・ドッグの不安症状には、過剰な吠え、ペーシング、落ち着きのなさなどがあります.彼らの人間の仲間は、彼らが落ち着いて安心できるよう、彼らの不安を理解し、対処する必要があります.バーニーズ・マウンテン・ドッグにとって、定期的な運動、特に心と体を動かす活動は、溜まったエネルギーを解放し、全体的な健康を促進するために不可欠です.食事、運動、休息などの一貫した生活習慣を子どもたちに提供することは、不安を軽減し、安定させるのに役立ちます.優しく前向きなトレーニング方法と社交性は、子どもたちの自信を高め、ストレスを軽減しながら新しい経験を乗り越えるのに役立ちます.自宅に平和で静かな環境を作り、充実した時間と愛情をたっぷりと与えることも、不安な傾向を和らげるのに役立ちます.適切な世話、忍耐、理解があれば、バーニーズ・マウンテン・ドッグは成長し、人間の仲間と調和して暮らすことができます.

Japanese Edition

Bichon Frise ビション・フリーゼは、陽気でフレンドリーな性格を持つため、状況によっては不安を感じることがあります.ビションフリーゼの不安の兆候には、過剰に吠える、震える、しがみつく行動などがあります.彼らの人間の仲間は、彼らが安心して安心できるよう、彼らの不安を理解し、対処する必要があります.ビションフリーゼがエネルギーを消費し、バランスのとれた精神を維持するには、定期的な運動と、遊びやインタラクティブなおもちゃによる精神的刺激が不可欠です.一貫したルーチンで穏やかで予測可能な環境を作り出すことは、不安を軽減し、安定感を与えるのに役立ちます.積極的な強化トレーニング方法と穏やかな安心感と快適さは、ビション・フリーゼにとって自信を築き、良い行動を強化するのに最適です.圧倒されたときに避難できる居心地の良い安全なスペースを提供することも、不安な傾向を和らげるのに役立ちます.愛、忍耐、そして協力的な環境があれば、ビション・フリーゼは不安を克服し、人間の仲間とともに幸せで満足のいく生活を送ることができます.

Border Collies 知性と無限のエネルギーで知られるボーダーコリーは、適切に管理しないと不安を感じやすくなります.ボーダーコリーの不安の兆候には、過剰な吠え、ペース配分、破壊的な行動などが含まれる場合があります.彼らの人間の仲間は、彼らに十分な身体的運動と精神的刺激を与えて、彼らのエネルギーを積極的に導くのを助ける必要があります.定期的なトレーニングセッションや敏捷性や放牧などの魅力的な活動は、精神的な刺激への欲求を満たし、目的意識を与えるのに役立ちます.ボーダーコリーは、明確な境界と一貫したルーチンのある構造化された環境で繁栄します.恐怖に基づく不安を防ぐためには、幼い頃から社会化することが重要です.ボーダーコリーはご褒美や賞賛に非常に敏感であるため、ポジティブ強化トレーニング方法が最も効果的です.深呼吸法やパズルおもちゃなどの心を落ち着かせるテクニックは、不安を和らげ、穏やかな感覚を与えるのに役立ちます.ボーダーコリーは、適切なケア、配慮、知性のはけ口があれば、充実した生活を送り、経験するかもしれない不安を克服することができます.

Boston Terriers ボストンテリア 活発で愛情深い犬なので、適切に管理しないと不安になりやすいです.ボストン テリアの不安症の兆候には、過剰な吠え、落ち着きのなさ、破壊的な行動などが含まれる場合があります.彼らの人間の仲間は、彼らが安心できるよう、穏やかで体系化された環境を作り出す必要があります.定期的な運動と、インタラクティブな遊びやパズルおもちゃによる精神的刺激は、不安を軽減し、過剰なエネルギーを燃焼させるのに役立ちます.恐怖に基づく不安を防ぐためには、幼い頃から社会化することが重要です.ボストン テリアはご褒美や賞賛に反応するため、ポジティブ強化トレーニング方法は効果的です.一貫した日常生活と十分な愛情と配慮を子どもたちに提供することで、子どもたちの不安を軽減し、幸せでバランスのとれた生活を送ることができるようになります.適切なケアとサポートがあれば、ボストン テリアは不安を克服し、大切な仲間として成長することができます.

Boxers ボクサー 元気で遊び好きな犬は、適切に対処しないと不安になりやすいです.ボクサーの不安症の兆候には、過剰な吠え、ペース配分、破壊的な行動などが含まれる場合があります.彼らの人間の仲間は、彼らが安心して安心できるよう、彼らの不安を理解し、対処する必要があります.定期的な運動と、インタラクティブなゲームやパズルおもちゃによる精神的刺激は、余分なエネルギーを燃焼させ、精神を集中させるのに役立ちます.一貫した日常生活と、穏やかで体系化された環境を作り出すことで、彼らに安心感を与えることができます.積極的な強化トレーニング方法と穏やかな安心感と快適さは、不安の管理に大きな違いをもたらします.忍耐、理解、愛情深いアプローチがあれば、ボクサーは不安を克服し、幸せでバランスのとれた生活を送ることができます.

Brittany スパニエルとしても知られるブリタニーは、狩猟と回収の天性の才能を備えた、活発で多才な犬です.彼らはその知性、敏捷性、そして友好的な性質で知られています.ブリタニー犬は一般的にバランスが良く順応性が高い犬種ですが、ニーズが満たされない場合、特定の行動上の問題を起こしやすい場合があります.長時間一人で放置されたり、精神的・身体的刺激が十分に受けられないなどの状況で不安を感じることがあります.ブルターニュ地域における不安の兆候には、過剰な吠え、落ち着きのなさ、または破壊的な行動が含まれる場合があります.不安を和らげるために、飼い主は定期的な運動、精神的刺激、社会的交流を与える必要があります.服従訓練、敏捷性、または回収ゲームなどの活動に参加させると、エネルギーを流し、集中力を維持するのに役立ちます.ブリタニーは、十分な注意、積極的な強化、一貫したトレーニングを受ける環境で成長します.体系化されたルーチンを作り、安全で愛情に満ちた環境を提供することで、子どもたちはより安心感を持ち、不安を軽減することができます.適切な世話、しつけ、愛情深いアプローチにより、ブリタニーは人間の仲間と強い絆を築きながら、充実した幸せな生活を送ることができます.

Bulldogs ***ブルドッグは***フレンドリーでのんびりとした性格で知られていますが、状況によっては不安を感じることもあります.ブルドッグの不安の兆候には、過度のよだれ、喘ぎ、または破壊的な行動が含まれる場合があります.彼らの人間の仲間は、彼らが落ち着いて安心できるよう、彼らの不安を理解し、対処する必要があります.体系化された日課、豊富な運動、精神的刺激を提供することは、不安を軽減するのに役立ちます.ブルドッグは、自信を高め、ストレスの多い状況に対処するのに役立つ、ポジティブな強化方法を使用した一貫したトレーニングで成長します.見慣れた心地よい物で平和で快適な環境を作り出すことも、不安を和らげるのに役立ちます.忍耐、愛情、そして協力的なアプローチがあれば、ブルドッグは不安を克服し、バランスの取れた満足のいく生活を楽しむことができます.

Cane Corso カネコルソ 力強く雄大なイタリアの品種で、その強さ、忠誠心、保護的な性質で知られています.自信に満ちた安定した気質を持ち、家族の伴侶や保護者として最適です.カネコルソは一般にバランスの取れた犬種ですが、適切に訓練され、社会化されていない場合、特定の行動上の問題を起こしやすい可能性があります.長時間一人で放置されたり、見知らぬ人や動物に遭遇したりする状況で不安を感じることがあります.カネコルソの不安の兆候には、過剰な吠え、落ち着きのなさ、攻撃性などが含まれる場合があります.彼らの不安を軽減するには、早期の社会化、積極的な強化トレーニング、十分な精神的および肉体的な運動を提供することが重要です.定期的な散歩、インタラクティブな遊び、精神的な刺激を与える活動は、子どものエネルギーを流し、精神的に関与し続けるのに役立ちます.一貫した日課を確立し、安全で体系化された環境を提供し、十分な注意と愛情を注ぐことが、子どもたちの健康には不可欠です.カネコルソは、大切な家族の一員として扱われ、適切な指導とリーダーシップを受ける家庭で成長します.適切な世話と訓練を受ければ、カネコルソは忠実で愛情深く、よく調整された仲間になることができます.

Cardigan Welsh Corgi ウェルシュ・コーギー・カーディガン 魅力的で知的な品種で、独特の外観と活発な性格で知られています.短い足と長い体、その愛らしくてユニークな外観は多くの愛犬家の心を捉えています.カーディガンは適応性が高く、個人にも家族にも最適なアイテムです.彼らは忠誠心、愛情深い性質、そして遊び心のある態度で知られています.ただし、他の犬種と同様、適切に訓練され、社会化されていない場合、特定の行動上の課題を経験する可能性があります.ウェルシュ・コーギー・カーディガンは、一人にされたときの分離不安や恐怖心など、さまざまな状況で不安を示すことがあります.見知らぬ人や環境に対して.不安の兆候には、過剰な吠え、落ち着きのなさ、または破壊的な行動が含まれる場合があります.不安を管理するには、早期の社会化、ポジティブな強化トレーニング、精神的刺激を与えることが重要です.定期的な運動や、パズルおもちゃやインタラクティブなゲームなどの魅力的な活動は、エネルギーを消費し、心を刺激するのに役立ちます.一貫したルーチンを確立し、穏やかで体系化された環境を作り出し、安心感と快適さを提供することは、彼らの健康にとって

不可欠です.適切なケア、トレーニング、愛情あふれる環境があれば、ウェルシュ・コーギー・カーディガンは成長し、家族に喜びと仲間をもたらすことができます.

Cavalier King Charles Spaniels キャバリア・キング・チャールズ・スパニエル 穏やかで愛情深い性格で知られていますが、不安になりやすいこともあります.キャバリアの不安の兆候には、過度の吠え、震え、または引っ込み思案が含まれる場合があります.人間の仲間は、彼らの不安を和らげるために、安全で育成できる環境を提供しなければなりません.定期的な運動と、インタラクティブな遊びやトレーニングによる精神的刺激は、余分なエネルギーを燃焼させ、心を集中させ続けるのに役立ちます.キャバリアは、自信を高め、人間との絆を強化するポジティブな強化トレーニング方法で成長します.一貫した毎日の日課を作り、愛情と注意を確実に受けられるようにすることも、不安を和らげるのに役立ちます.忍耐と理解、そして冷静なアプローチにより、キャバリアは不安を克服し、幸せでバランスのとれた生活を送ることができます.

Chihuahua チワワは、小さな体と大きな性格で知られていますが、不安になりやすい傾向があります.過剰に吠えたり、震えたり、攻撃的になったりして、不安の兆候を示すことがあります.彼らの人間の仲間は、彼らが安全だと感じられるよう、彼らの不安を理解し、対処する必要があります.短い散歩やインタラクティブな遊びなどの定期的な運動は、エネルギーを消費し、不安を軽減するのに役立ちます.穏やかで体系化された環境と一貫した日常生活を提供することも、不安を軽減するのに役立ちます.チワワは賞賛やご褒美に積極的に反応するため、ポジティブ強化トレーニング方法はチワワに効果的です.幼い頃から社交化すると、さまざまな状況でより快適になり、自信を持てるようになります.忍耐、理解、愛情深いアプローチがあれば、チワワは不安を克服し、人間の仲間たちと幸せで充実した生活を楽しむことができます.

Cocker コッカー（英語/スペイン語）は、不安になりやすい性格です.過度の吠え、破壊的な行動、またはしがみつくことによって不安の兆候を示す場合があります.彼らの人間の仲間は、彼らが落ち着いて安心できるよう、彼らの不安を理解し、対処する必要があります.毎日の散歩や遊びなどの定期的な運動は、エネルギーを解放し、不安を軽減するのに役立ちます.インタラクティブなおもちゃやパズル ゲームを通じて精神的な刺激を与えることも、心を集中させ、不安を軽減するのに役立ちます.一貫したルーチンを作り、安全で快適な環境を提供することで、コッカースパニエルに安心感を与えることができます.ポジティブな強化トレーニング方法、穏やかな安心感、快適さは、自信を築き、不安を克服するのに役立ちます.忍耐、愛情、そして適切な世話があれば、コッカースパニエルは人間の仲間との時間を楽しみながら、幸せでバランスのとれた生活を送ることができます.

Dachshunds ダックスフントは、長い体と活発な性格を備えているため、不安になりやすい傾向があります.過度に吠えたり、穴を掘ったり、さらには攻撃性を示したりすることで、不安の兆候を示すこともあります.彼らの人間の仲間は、彼らが安全で落ち着くように彼らの不安を理解し、対処する必要があります.ダックスフントは定期的な運動で成長するため、毎日散歩や遊びの時間を与えると、余分なエネルギーを消費し、不安を軽減することができます.これらの賢い犬にとって精神的な刺激も重要であり、インタラクティブなおもちゃやパズルゲームは彼らの心を集中させ、不安を和らげることができます.一貫した日課を確立し、安全な環境を作り出すことは、不安を軽減するのに役立ちます.ダックスフントは賞賛やご褒美によく反応するため、ポジティブ強化トレーニング方法が最も効果的です.不安を感じているとき、人間の仲間からの優しい安心感と慰めが、彼らに必要なサポートを与えてくれます.適切なケア、配慮、愛情があれば、ダックスフントは幸せでバランスのとれた生活を送ることができ、家族に喜びをもたらします.

Doberman Pinschers ドーベルマン・ピンシャーは、不安を感じることがあります.ドーベルマンの不安の兆候には、過剰な吠え、破壊的な行動、さらには攻撃性が含まれる場合があります.彼らの人間の仲間は、彼らのために安全で調和のとれた環境を作り出すために、彼らの不安を理解し、対処しなければなりません.ドーベルマンが溜まったエネルギーを解放し、全体的な健康状態を維持するには、定期的な運動が不可欠です.トレーニング、パズル玩具、またはインタラクティブなゲームによる精神的刺激は、心を集中させ、不安を軽減するのに役立ちます.ドーベルマンは規則正しくルーチン化することで成長するため、一貫した毎日のスケジュールを確立することで安心感を得ることができます.ドーベルマンはご褒美や賞賛に積極的に反応するため、ポジティブ強化トレーニング方法はドーベルマンに効果的です.不安を感じているとき、人間の仲間からの優しい安心感と落ち着きは、彼らを安心させるのに大きな違いをもたらします.適切なケア、訓練、愛情深いアプローチにより、ドーベルマン・ピンシャーは不安を克服し、自信を持ってバランスの取れた仲間として成長することができます.

English Cocker イングリッシュコッカーは、フレンドリーな性質と陽気な気質で知られる、楽しくてエネルギッシュな品種です.柔らかく表情豊かな瞳と絹のような毛並みは、多くの愛犬家の心を掴む魅力的な犬種です.イングリッシュコッカーは多用途で順応性が高いため、個人にとっても家族にとっても素晴らしい仲間になります.彼らは人間との交わりを大切にしており、家族の行事に参加することを好みます.この犬種は知性と喜ばせることに熱心なことで知られており、しつけが比較的簡単です.しかし、長期間一人で放置されると、分離不安を起こしやすくなります.イングリッシュコッカーの不安症の兆候には、過剰な吠え、破壊的な行動、落ち着きのなさなどが含まれる場合があります.不安をコントロールするには、精神的および肉体的に十分な刺激を与えることが重要です.定期的な運動、インタラクティブなおもちゃ、服従訓練や敏捷性などの魅力的な活動は、エネルギーを消費し、集中力を維持するのに役立ちます.一貫したルーチンを確立し、安全で構造化された環境を提供することも、不安を軽減するのに役立ちます.賞賛やご褒美に積極的に反応するた

め、ポジティブ強化トレーニング方法はこの犬種に適しています.愛情、忍耐、そして適切な世話があれば、イングリッシュコッカーは成長し、家族に喜びと仲間をもたらすことができます.

English Setters イングリッシュセッター 彼らはフレンドリーで社交的な性格で知られていますが、特定の状況では不安を感じることもあります.イングリッシュ セッターの不安の兆候には、落ち着きのなさ、過剰な吠え、または破壊的な行動が含まれる場合があります.彼らの人間の仲間は、彼らが安心して快適に感じられるよう、彼らの不安を理解し、対処する必要があります.イングリッシュ セッターにとってエネルギーを解放し、バランスの取れた精神状態を維持するには、定期的な運動が不可欠です.トレーニング、インタラクティブなおもちゃ、パズル ゲームなどによる精神的刺激も、心を集中させ、不安を軽減するのに役立ちます.イングリッシュセッターは、ご褒美や賞賛によく反応するため、ポジティブな強化トレーニング方法で成長します.一貫した日常生活と、穏やかで体系化された環境を作り出すことで、彼らに安心感を与えることができます.不安を感じているとき、人間の仲間からの優しい安心感と慰めは大きな違いをもたらします.イングリッシュ セッターは、忍耐、理解、そして愛情を持って接することで、不安をコントロールし、幸せで充実した人生を送ることができます.

German Shepherds ジャーマンシェパード 賢くて忠実な犬ですが、特定の状況では不安になりやすい場合があります.ジャーマン シェパードの不安の兆候には、過剰な吠え、ペース配分、または破壊的な行動が含まれる場合があります.彼らの人間の仲間は、彼らが安心して落ち着くように彼らの不安を理解し、対処する必要があります.定期的な運動は、ジャーマン シェパードにとってエネルギーを放出し、精神的な健康を維持するために非常に重要です.トレーニング、インタラクティブなおもちゃ、問題解決活動などによる精神的刺激も不安を軽減するのに役立ちます.ジャーマン シェパードは、ポジティブな強化トレーニング方法によく反応し、賞賛とご褒美で成長します.体系化されたルーチンと安全で刺激的な環境を作り出すことで、彼らに安心感を与えることができます.不安を感じているとき、人間の仲間からの優しい安

心感や慰めは、気持ちを落ち着かせる効果があります.忍耐と理解、そして一貫した訓練により、ジャーマン シェパードは不安をコントロールし、バランスの取れた充実した生活を送ることができます.

Golden Retrievers ゴールデンレトリバー フレンドリーで愛情深い犬ですが、特定の状況では不安を感じることもあります.ゴールデンレトリバーの不安の兆候には、過度の吠え、あえぎ、または破壊的な行動が含まれる場合があります.彼らの人間の仲間は、彼らが安全で落ち着くように助けるために、彼らの不安を認識し、それに対処する必要があります.ゴールデンレトリバーがエネルギーを放出し、健康な精神状態を維持するには、定期的な運動が不可欠です.トレーニング、パズル玩具、インタラクティブなゲームによる精神的刺激も不安を軽減するのに役立ちます.一貫した日常生活と安全で刺激的な環境を確立することで、子どもに安定感を与えることができます.ゴールデンレトリバーはご褒美や励ましに積極的に反応するため、ポジティブ強化トレーニング方法は効果的です.不安を感じているとき、人間の仲間からの優しい安心感と慰めは、大きな違いを生みます.忍耐と理解、そして愛情を持ったアプローチがあれば、ゴールデン レトリバーは不安をコントロールし、幸せでバランスのとれた生活を送ることができます.

Great Danes グレートデーン人 穏やかでフレンドリーな性質で知られる穏やかな巨人ですが、特定の状況では不安を感じることもあります.グレートデーンの不安の兆候には、過度のよだれ、あえぎ、ペース、または破壊的な行動が含まれる場合があります.彼らの人間の仲間は、彼らが安心して安心できるよう、彼らの不安を認識し、それに対処する必要があります.定期的な運動は、グレートデーンにとって過剰なエネルギーを燃焼させ、健康な精神状態を維持するために非常に重要です.穏やかで体系化された環境と一貫したルーチンを作り出すことで、子どもに安定感を与えることができます.グレートデーンは報酬や励ましに積極的に反応するため、ポジティブ強化トレーニング方法はグレートデーンにとって効果的です.不安を感じているとき、人間の仲間からの優しい安心感と慰めは大きな違いをもたらします.適切なケア、理解、そして愛情深いアプローチがあ

れば、グレートデーンは不安をコントロールし、幸せでバランスのとれた生活を送ることができます.

Labrador Retrievers ラブラドールレトリバー フレンドリーで社交的な犬ですが、特定の状況では不安を感じることもあります.ラブラドールの不安症の兆候としては、過剰に噛んだり穴を掘ったりすることが挙げられ、分離不安症になりやすく、放っておくと破壊的になる可能性があります.不安を軽減するには、たくさんの運動、精神的な刺激、インタラクティブなおもちゃを提供することが重要です.定期的な運動は、余分なエネルギーを燃焼させ、集中力を維持するのに役立ちます.一貫したルーチンを作り、安全で穏やかな環境を提供することも、彼らがより安心するのに役立ちます.ラブラドールはご褒美や励ましによく反応するため、ポジティブ強化トレーニング方法が最も効果的です.彼らが不安を感じているとき、人間の仲間からの優しい安心感と慰めは大きな違いを生みます.ラブラドールは、理解、忍耐、そして愛情を持ってアプローチすることで、不安をコントロールし、バランスの取れた幸せな生活を送ることができます.

Leonberger レオンベルガー 堂々とした大きさとフレンドリーな性質で知られる、雄大で優しい巨人です.厚いダブルコートと印象的な外観で、どこへ行っても注目を集めます.レオンベルガーはその大きな体にもかかわらず、穏やかで穏やかな態度で知られており、家族の一員として最適です.彼らは忠実で愛情深く、家族の行事の一員であることを楽しんでいます.この犬種は非常に賢く、しつけが可能で、飼い主を喜ばせることに熱心です.彼らは一般に子供たちと仲良くし、適切に社会化すれば他のペットとも仲良くやっていきます.レオンベルガーは適度なエネルギーレベルを持っており、肉体的にも精神的にも刺激される毎日の運動の恩恵を受けています.被毛の美しい外観を維持し、艶消しを防ぐには、定期的なブラッシングが必要です.一般に健康な犬ですが、股関節形成不全や特定の種類の癌など、特定の健康上の問題を抱えやすい可能性があります.定期的な獣医師の診察とバランスの取れた食事は、全体的な健康のために重要で

す.愛情深く優しい性質を持つレオンベルガーは、忠実で献身的な毛皮で覆われた友人を探している個人や家族にとって、素晴らしい仲間になることができます.

Maltese マルタ語 犬は小さい体と魅力的な性格で知られていますが、特定の状況では不安を感じることもあります.マルチーズ犬の不安の兆候には、過剰に吠える、震える、隠れるなどがあります.彼らは分離不安に陥りやすく、人間の仲間に過度に執着する可能性があります.彼らの不安を軽減するには、静かで安全な環境を提供することが不可欠です.定期的な運動や精神的刺激など、一貫した日課を作ることは、心を集中させ、不安を軽減するのに役立ちます.マルチーズはご褒美や賞賛に積極的に反応するため、ポジティブ強化トレーニング方法はマルタにとって効果的です.不安を感じているとき、人間の仲間からの優しい安心感や慰めは、より安心感を与えるのに役立ちます.理解と忍耐、そして愛情深いアプローチがあれば、マルチーズ犬は不安をコントロールし、幸せでバランスのとれた生活を送ることができます.

Miniature Schnauzer ミニチュアシュナウザー 独特の外見と活発な性格で知られる、愉快な小型犬です.通常は自信があり社交的ですが、特定の状況では不安を感じることがあります.ミニチュア・シュナウザーの不安の兆候には、過度の吠え、落ち着きのなさ、または破壊的な行動が含まれる場合があります.彼らは分離不安に陥りやすく、人間の家族のメンバーに過度に執着する可能性があります.不安を軽減するには、十分な運動と精神的な刺激を与えることが重要です.インタラクティブなおもちゃ、パズル ゲーム、トレーニング セッションは、子どもたちの心を集中させ、不安を軽減するのに役立ちます.穏やかで体系化された環境と一貫した日常生活を作り出すことも、彼らに安心感を与えることができます.良い行動を褒めるなどのポジティブな強化トレーニング方法は、自信を高め、不安を軽減します.彼らが不安を感じているとき、人間の仲間からの優しい安心感や慰めのジェス

チャーは大きな違いを生みます.ミニチュア・シュナウザーは、愛、忍耐、理解をもって不安をコントロールし、幸せでバランスのとれた生活を送ることができます.

Norwegian Elkhound ノルウェーエルクハウンド ノルウェーに根ざした豊かな歴史を持つ、美しく多用途な品種です.頑丈な体格と印象的な外観で知られるこの犬種は、忠実で勇敢な仲間として高く評価されています.ノノルウェージャン エルクハウンドは厚い二重被毛を持っており、寒い天候でも断熱効果があり、独特の外観を与えます.彼らは、特にヘラジカ、クマ、その他の大型動物などの追跡や追いかけっこの狩猟技術で有名です.強い嗅覚と鋭い本能により、匂いの探知が必要な作業に優れています.ノルウェージャン エルクハウンドは、知性、独立心、そして意志の強い性質でも知られています.彼らはエネルギーを流し、良い行動を維持するために、一貫したしっかりとした、しかし優しいトレーニングを必要とします.バランスの取れた順応性の高い犬になるためには、幼い頃から社会化することが不可欠です.この犬種は通常、友好的で愛情深く、家族を守るため、優れた番犬です.ノルウェージャン エルクハウンドは活発な犬なので定期的な運動が必要ですために.被毛が厚いので、艶消しを防ぎ、最高の見た目を保つために定期的なグルーミングが必要です.全体として、ノルウェージャン エルクハウンドは忠実で賢く多才な品種であり、必要な注意、運動、精神的刺激が得られる活発な家庭で繁栄します.

Poodles プードル 独特の巻き毛で知られる知的でエレガントな犬です.洗練された外観にもかかわらず、プードルは特定の状況では不安を感じることがあります.プードルの不安症の兆候としては、過剰に吠えたり、歩き回ったり、絶えず注意を求めたりすることが挙げられます.彼らは環境の変化に敏感になることがあり、安心感を得るために穏やかで体系化されたルーチンを必要とする場合があります.プードルが過剰なエネルギーを放出し、健康を維持するには、定期的な身体的および精神的な運動が不可欠です.パズルおもちゃ、服従訓練、敏捷性運動などの刺激的な活動に参加させると、不安が軽減され、集中力を保つことができます.プードルは励ましや優しい指導によく反応するため、ご

褒美や褒め言葉を伴うポジティブな強化トレーニング方法が最も効果的です.家の中に平和で静かな空間を作り、柔らかい寝具や心地よい音楽などの快適なアイテムを提供すると、より安心できるようになります.忍耐強く理解のある飼い主のサポートがあれば、プードルは不安をコントロールし、愛情深く育まれる環境で成長することができます.

Portuguese Water ポルトガル ウォーターは、ポルトガルに根ざした魅力的な歴史を持つカリスマ的で多用途な品種です.頑丈な体格と独特の被毛で知られるこの犬種は、知的で愛情深いペットとして高く評価されています.ポーチュギーズ ウォーター ドッグは、波状またはカールした低刺激性の被毛を持ち、優れた防水性を備えています.彼らはもともと、網の回収、ボート間のメッセージの伝達、さらには網に魚を集めるなど、水仕事に関連するさまざまな作業のために飼育されていました.生まれ持った遊泳能力と人を喜ばせたいという欲求により、ドックダイビングや水遊びに優れています.スポーツや服従訓練など.ポーチュギーズ ウォーター ドッグは、その知性、しつけのしやすさ、学習意欲の高さで知られています.彼らは精神的な刺激で成長するため、積極的に参加し、行儀良く保つためには、一貫した積極的な強化トレーニング方法が必要です.バランスの取れたフレンドリーな犬に成長するには、早期に社会化することが重要です.ポーチュギーズ ウォーター ドッグは家族と深い絆を築き、忠誠心と保護的な性質で知られています.彼らは一般的に子供たちとの関係が良好で、家庭環境にうまく適応できます.ただし、見知らぬ人に対しては警戒心が強いため、さまざまな社会的状況で快適に過ごせるように、早期に社交化することが不可欠です.この犬種はエネルギッシュで、肉体的にも精神的にも刺激するために定期的な運動を必要とします.退屈を防ぎ、全体的な健康を維持するには、毎日の散歩、インタラクティブな遊び、精神的な課題が必要です.ポーチュギーズ ウォーター ドッグの独特の被毛には、定期的なグルーミング、ブラッシング、そして時々専門的なトリミングが必要です.ポーチュギーズ ウォーター ドッグは、その知性、愛嬌、そして水を愛する性質により、成長するために必要な注意、運動、精神的な刺激を与えてくれる、活動的な個人や家族にとって素晴らしいパートナーとなります.

Pug パグ 独特のしわのある顔と巻き毛の尾で知られる魅力的で愛情深い犬です.パグは遊び好きで社交的ですが、特定の状況では不安になりやすいこともあります.パグの不安の兆候には、過剰にあえぎ、ペースを合わせたり、絶えず安心感を求めたりすることが含まれます.彼らの人間の仲間は、彼らが落ち着いて安心できるよう、彼らの不安を理解し、対処する必要があります.短い散歩やインタラクティブな遊びなどの定期的な運動は、パグが溜まったエネルギーを解放し、幸福感を促進するのに役立ちます.パズル玩具やトレーニング演習による精神的刺激も、心を集中させ、不安を軽減します.一貫したルーチンを作り、快適で安全な環境を提供することで、不安を軽減できます.パグは優しく励ましのアプローチによく反応するため、ご褒美や褒め言葉を使ったポジティブな強化トレーニング方法が効果的です.リラックスできる静かで居心地の良い空間を、心地よい香りや落ち着く音楽とともに提供すると、不安を和らげることができます.パグは不安を克服し、愛、忍耐、そして協力的な環境によって幸せで充実した生活を楽しむことができます.

Rottweilers ロットワイラー 保護的な性質と強い防衛本能で知られる強力で忠実な犬です.ロットワイラーは自信家で自信家であることが多いですが、不安に敏感な場合もあり、過剰な吠え、攻撃性、または破壊的な行動が現れます.彼らは分離不安になりやすく、家族に対して過保護になる可能性があります.不安を軽減するには、ロットワイラーにさまざまな人、動物、環境との早期の社会化を提供することが不可欠です.報酬ベースの方法に焦点を当てたポジティブ強化トレーニング手法は、自信を築き、望ましい行動を強化するのに役立ちます.ロットワイラーにとって過剰なエネルギーを燃焼させ、健康な精神状態を維持するには、精神的および肉体的な運動が不可欠です.インタラクティブなゲーム、服従訓練、やりがいのある課題に参加させることは、子どもの心を刺激し、不安を軽減するのに役立ちます.一貫したルーティンで穏やかで体系化された環境を作り出すことで、ロットワイラーに安心感を与えることができます.忍耐強く理解のある扱い、適切な訓練と社交化により、ロットワイラーは不安をコントロールする方法を学び、バランスの取れた自信に満ちた仲間として成長することができます.

Shiba Inu 柴犬 独立心と自信に満ちた性格で知られる小型の活発な犬です.柴犬は一般的に穏やかで控えめな犬種ですが、特定の状況では不安になりやすい場合があります.柴犬の不安の兆候には、過剰な吠え、破壊的な行動、または引きこもりが含まれる場合があります.彼らの不安を管理するには、体系化されたルーチンと一貫したトレーニングを提供することが重要です.ポジティブ強化テクニックは、ご褒美や賞賛に最もよく反応するため、柴犬に効果的です.定期的な運動と精神的刺激は、活発な心を維持し、不安の原因となる退屈を防ぐために非常に重要です.避難できる安全な場所を指定して、静かで安全な環境を作り出すことは、不安を軽減するのに役立ちます.ストレスの多い状況において、人間の仲間からの優しい安心感や慰めも、大きな違いを生みます.忍耐強く理解のあるケアがあれば、柴犬は不安を克服し、よく適応した幸せな伴侶として成長することができます.

Shih Tzus シーズー 小さくて愛情深い犬で、遊び好きで社交的な性格で知られています.シーズーは一般に友好的で順応性がありますが、特定の状況では不安になりやすい場合があります.シーズーの不安症の兆候には、過剰に吠える、震える、またはしがみつく行動が含まれる場合があります.彼らの不安を管理するには、穏やかで構造化された環境を提供することが重要です.一貫した日常生活を送り、指定された安全な空間を作ることは、不安を軽減し、安心感を与えるのに役立ちます.ご褒美と優しい指導を伴うポジティブ強化トレーニング方法は、シーズーに最も効果を発揮し、シーズーの自信を高め、良い行動を強化します.身体的にも精神的にも定期的に運動することは、過剰なエネルギーを燃焼させ、精神を刺激し続けるために非常に重要です.ストレスの多い状況において、人間の仲間からの優しい安心感や慰めも、不安を和らげるのに役立ちます.シーズーは不安をコントロールする方法を学び、忍耐強く愛情を持ったケアを受けながら幸せでバランスのとれた生活を楽しむことができます.

Siberian Huskies シベリアン ハスキー
印象的な外見とそりを引く確かな能力で知られる、エネルギッシュで社交的な犬です.シベリアン ハスキーは一般に友好的で社交的ですが、分離不安などの特定の行動上の問題を抱えやすいことがあります.長期間放っておくと、過剰に吠えたり、破壊的な行動をとったり、逃げようとしたりするなど、不安の兆候を示すことがあります.ハスキー犬はエネルギーレベルが高く、十分な身体活動を必要とするため、不安を管理するには定期的な運動を与えることが不可欠です.賢い犬は魅力的な仕事や課題に取り組むことで成長するため、精神的な刺激も同様に重要です.構造化されたトレーニングセッションやインタラクティブな遊びなど、一貫したルーチンを構築することは、不安を軽減し、安定感を与えるのに役立ちます.

さらに、クレートトレーニングと安全で快適な巣穴のようなスペースを作ることで、安全な隠れ家を提供できます.ポジティブ強化トレーニング良い行動を褒めたり、精神的に豊かさを与えたりするなどのテクニックは、不安を効果的に管理します.適切なケア、気配り、愛情あふれる環境があれば、シベリアン ハスキーは充実した生活を送り、人間の仲間と強い絆を築くことができます.

Staffordshire Bull Terriers スタッフィーとも呼ばれる**スタッフォードシャー・ブル・テリアは、筋肉質な体格とエネルギッシュな性質で知られるフレンドリーで愛情深い犬です.**スタフィーは一般に社交的で気さくな性格ですが、分離不安などの特定の行動上の問題を抱えやすい場合があります.長期間放っておくと、過剰に吠えたり、破壊的な行動をとったり、逃げようとしたりするなど、不安の兆候を示すことがあります.不安を管理するには、定期的な運動と精神的な刺激を与えることが不可欠です.毎日の散歩、遊び、インタラクティブなおもち

ゃは、余分なエネルギーを燃焼させ、集中力を保つのに役立ちます.一貫したルーチンを確立し、安全で快適な空間を提供することで、不安を軽減し、安心感を与えることができます.ご褒美や褒め言葉を使ったポジティブ強化トレーニング法は、子どもたちに良い行動を効果的に教え、自信を育みます.適切なケア、社交性、そして愛情あふれる環境があれば、スタッフォードシャー・ブル・テリアは成長し、人間の家族と強い絆を築くことができます.

Volpino Italiano ヴォルピノ イタリアーノ イタリア原産の豊かな伝統を持つ、魅力的で活発な品種です.小さな体とふわふわの被毛で知られるこの犬種は、その愛らしい見た目と魅力的な性格で人々の心を掴みます.ヴォルピノ イタリアーノは、さまざまな色の厚いダブルコートを持っており、保護を提供し、その楽しい外観をさらに高めます.それは終始愛玩犬であり、家族と強い絆を形成し、しばしば忠実で愛情深い性質を示します.小さな体格にもかかわらず、ヴォルピノ イタリアーノは元気で活発で、いつでも遊びや冒険に出かける準備ができています.この品種は次のようなことで知られています.知性、敏捷性、迅速な学習能力.精神的な刺激を好み、服従訓練、敏捷性コース、インタラクティブなゲームなどの活動に優れています.ヴォルピノ イタリアーノがバランスよく順応性の高い子に成長するためには、早期の社会化が重要です.小さいながらも自己主張が強く、愛する人に対して保護本能を示すこともあります.散歩、遊び、精神的な課題などの定期的な運動は、身体的および精神的に刺激を与えるために不可欠です.ふわふわの被毛は艶消しを防ぎ、美しさを維持するために定期的なブラッシングが必要ですが、抜け毛が少ない犬種と考えられているため、アレルギーのある人にも適しています.ヴォルピノ イタリアーノは、家族に喜びと愛情をもたらす楽しい仲間です.彼らの活発な性質、知性、そして魅惑的な外観は、献身的で元気な犬のパートナーを求める個人や家族にとって素晴らしいペットになります.

Welsh Springer Spaniel ウェルシュ・スプリンガー・スパニエル ウェールズに根ざした豊かな歴史を持つ、魅力的で多用途な品種です.特徴的な毛並みと人懐っこい性格で、世界中の愛犬家の心を掴んでいます.ウェルシュ・スプリンガー・スパニエルは中型でバランスのとれた体格を持ち、さまざまな活動で優れた能力を発揮します.赤と白の絹のような毛並みは、見た目が魅力的なだけでなく、風雨から体を守ってくれます.この犬種は、特に獲物を追い出したり回収したりする際の卓越した狩猟スキルで知られています.鋭い嗅覚と自然な本能により、匂いの検出が必要な作業で活躍します.ウェルシュ・スプリンガー・スパニエルは賢く、人を喜ばせることに熱心なため、非常に訓練しやすく、積極的な強化方法に反応します.彼らは能力が多彩で、服従、敏捷性、追跡などのさまざまなドッグスポーツに参加できます.彼らのフレンドリーで愛情深い性質は、彼らを優れた伴侶犬や家庭犬にします.彼らは人間の家族と強い絆を築き、多くの場合子供や他のペットに対しても友好的です.ウェルシュ・スプリンガー・スパニエルの身体的および精神的な刺激を維持するには、定期的な運動が重要です.彼らは、早歩き、ジョギング、インタラクティブな遊びなどのアクティビティを楽しみます.被毛を清潔に保ち、毛羽立ちを防ぐために定期的なグルーミングが必要です.愛情深い気質、知性、そしてエネルギッシュな性質を持つウェルシュ・スプリンガー・スパニエルは、忠実で献身的な伴侶を探している活動的な個人や家族に最適です.

Yorkshire Terriers, Yorkies ヨークシャーテリア、または**ヨーキーは**、魅力的な毛並みと自信に満ちた性格で知られる小型の元気な犬です.体が小さいにもかかわらず、不安の兆候を示すことがあります.ヨーキーは長期間一人で放置されると分離不安を経験し、過度の吠え、破壊的な噛み、落ち着きのなさなどの行動につながることがあります.彼らの不安に対処するために、人間の仲間は安全で安心できる環境を作り出す必要があります.定期的な運動と精神的刺激は、心と体を活発に保つために不可欠です.インタラクティブなおもちゃやパズル ゲームを提供すると、不安が軽減され、夢中になり続けることができます.一貫した日常生活を確立し、明確な境界線を設定することも、彼らに構造と安心感を与えることができます.ご褒美や褒め言葉を使ったポジティブ強化トレーニング手法は、子どもに良い行動を効果的に教え、自信を高めます.ヨークシャー テリアは、愛情、忍耐、そして穏やかなアプローチによって不安を克服し、愛情に満ちた家庭環境で成長することができます.

第11章

昼寝と散歩を楽しみにお待ちください

ワンワン！まず最初に、皆さんに嬉しいニュースがあります！私たちの素晴らしい本の第 17 章に、昼寝と散歩に関する包括的な表を追加しました.これは、40 種類の人気のある犬種の具体的な昼寝と散歩のニーズを理解するのに役立つ便利なリファレンス ガイドです.それはすごいことではないでしょうか?

昼寝： ああ、良い昼寝の素晴らしさ！あなたと同じように、私たち犬にも美しい睡眠が必要です.私たちが必要とする睡眠時間は品種によって異なりますが、私たちは1日に約12〜14時間居眠りすることを好みます.大変なことのように聞こえるかもしれませんが、私たちはバッテリーを充電して健康で幸せを維持しなければなりません.丸まって夢の国へ旅立つための、居心地の良い快適な場所を私たちに提供してください.Zzzさん.私たちが至福の昼寝をしているとき、邪魔しないでください.貴重な休憩時間です！

この表には、各犬種が通常何時間睡眠を必要とするか、また散歩でどのくらいの運動量が必要かについての重要な情報が記載されています.また、これらの品種が屋内と屋外のどちらのライフスタイルに適しているかもわかります.これにより、子どもたちの固有のニーズをよりよく理解し、それに応じて日常生活を計画することができます.

あるきます： ああ、人間の仲間たちと散歩する喜び！私たちにとってウォーキングは単なる身体活動ではありません.それは私たちの感覚を探求し、結びつけ、そして関与させる機会です.散歩の時間と強度は、犬種、年齢、エネルギーレベルによって異なります.私たちの中には、近所をゆっくり散歩するだけで十分な人もいますが、余分なエネルギーを燃やすために、より活発な散歩やランニングが必要な場合もあります.定期的な散歩は、私たちに運動や精神的な刺激を与え、他の犬や犬と交流する機会を提供するので、私

たちの身体的および精神的な健康にとって重要です.人間.さあ、リードをつかみ、ウォーキングシューズを履いて、一緒に冒険に出かけましょう!

しかし、待ってください、まだあります!この表では、運動、特にウォーキングについても取り上げています.これにより、犬種ごとに推奨される散歩の時間と頻度が明らかになり、健康で幸せを維持するために必要な身体活動と精神的刺激を確実に得ることができます.のんびりとした散歩でも、エネルギッシュなハイキングでも、散歩中に尻尾を振り続けるために必要な情報がすべて揃っています.

親愛なる皆さん、昼寝や散歩に関しては、私たち個人のニーズを考慮することが重要であることを忘れないでください.犬種によっては多かれ少なかれ睡眠を必要とする場合があり、必要な運動量も異なる場合があります.したがって、毛皮で覆われた友人の犬種の特徴を理解するために時間をかけて、必要に応じて獣医師に相談し、私たちの特定のニーズに応えるルーチンを作成してください.そして最も重要なのは、この瞬間を一緒に楽しむことです.昼寝や散歩は私たちにとって単なる毎日の儀式ではありません.それらは私たちにとって絆を強め、世界を探索し、一生続く大切な思い出を作る機会です.

最後に、この表は、特定の品種が屋内と屋外のどちらのライフスタイルに適しているかを理解するのに役立ちます.屋内で育つ品種もあれば、大自然を探索するのが好きな品種もあります.これを知ることで、私たちのニーズを最大限に満たし、快適で満足できる生活空間を作り出すことができます.

それでは、親愛なる皆さん、第 17 章を開いて、昼寝と散歩の素晴らしい世界に飛び込んでください.テーブルを貴重なリソースとして使用して、毛皮で覆われた友人の具体的なニーズを理解し、それに応じて昼寝と散歩のルーチンを調整し、喜び、休息、冒険に満ちた生活を提供します. **40の人気犬種の昼寝、散歩、室内外のプロフィール**をご覧ください.

第12章

パピーの不安な世界

子犬時代の思い出

わあ、親愛なる人間の友人よ！私がまだ小さくてふわふわした子犬だった頃を思い出すと、私の毛皮のような心に複雑な感情が湧き起こりました.愛する母や同腹の仲間たちから離れて人生の新たな章に乗り出した当時は、喜びと不安でいっぱいでした.

母と別れる時が来たとき、私は興奮と恐怖が入り混じった気持ちでいっぱいでした.これからどんな世界が待っているのか、興味津々でしたが、心の奥底では不安や不安もありました.母の存在による安らぎと温かさから離れることは、気が遠くなるような経験でした.

初期の頃、私は不安と圧倒されることがよくありました.慣れない環境、母の癒しの存在の不在、そして周りの新しい顔ぶれが私の不安を増大させました.世界は大きくて恐ろしいように思え、私は安心感や帰属意識を求めていました.しかしその後、異常なことが起こりました.私の親愛なるオーナーが私の人生にやって来ました.彼らの温かく迎え入れてくれる存在、優しい触れ合い、愛情深い心は、暗い瞬間の光のようなものでした.彼らは、私が適応するのに時間が必要であること、そして私の不安には忍耐と理解が必要であることを理解していました.

彼らは私のために安全で快適な環境を作り、柔らかい毛布、居心地の良いベッド、そして私の安らぎの源となったおもちゃで満たされました.彼らは愛、関心、そして優しい言葉を私に注ぎ、私の恐怖を和らげてくれました.彼らの一貫したルーティンと予測可能なスケジュールは、私が切実に必要としていた安心感をもたらしてくれました.私の不安が押しつぶされそうになった暗い日々の中で、彼らは耳を傾け、慰めの膝を提供してくれました.彼らは私の個人的なニーズを認識し、私の恐怖を克服するために一歩ずつ協力してくれました.彼らは常に私のペースと限界を尊重しながら、徐々に私に新しい経験をさせてくれました.しかし、私たちの旅を特徴づけたのは暗い日々だけではありませんでした.笑い、遊び、そして切っても切れない絆に満ちた、数え切れないほどの明るい日々もありました.彼らの辛抱強い指導と前向きな強化のおかげで、私は自信を持って自分の周りの世界を受け入れることを学びました.彼らの愛と揺るぎないサポートのおかげで、私は自信を持って幸せな犬に成長しました.私たちは共に課題に直面し、勝利を祝い、そのすべてを通じて私たちの絆はより強くなりました.彼らは、愛と理解と子犬のおやつがあれば、どんなことも可能になることを私に教えてくれました.子犬の頃のことを思い出しながら、彼らが私の人生に入ってきた日に感謝しています.彼らは私の不安を察し、私を信じてくれました.彼らは私が成長できる、愛情に満ちた育む家を提供してくれました.彼らの温かさと気遣いが私の恐怖を勇気に変えてくれたので、私はそのことに永遠に感謝し続けるでしょう.

ですから、親愛なる人間の友人よ、暗い日も明るい日も、すべての瞬間を一緒に大切にしましょう.そのすべてを通して、私たちは、無限の愛で満たされた心と尻尾を振りながら、寄り添いながら、この美しい人生の旅を続けていきます.

子犬から成犬の段階まで

横糸！さて、私の犬の視点から、子犬の人生のさまざまな段階を巡る旅にご案内します.

1. **新生児期:** ああ、私がママや兄弟たちに寄り添って、小さな毛玉だった頃のことだ.ミルクも温もりも安心感もすべて彼女に依存していました.快適で安全な時間でした.
2. **新生児期:** 目と耳が開き始めると、自分の周りにまったく新しい世界が見え始めました.最初は少し戸惑いましたが、日を追うごとに好奇心が増し、探検する意欲が高まりました.
3. **移行段階:** 私は小さな足をよろめかせながら兄弟たちについていきました.私は自分の感覚を発達させ、周囲のさまざまな香りや音について学び始めました.それは成長と発見の刺激的な時間でした.

4. **社会化段階:** このステージは私にとって非常に重要でした.たくさんの新しい人や毛むくじゃらの友達に会い、さまざまな光景や音を経験しました.それは私が今のようなフレンドリーで社交的な子犬になるのに役立ちました.

5. **離乳期:** ああ、固い食べ物の味！ママのミルクだけに頼る生活から、さまざまな美味しいおやつを探求する生活へと移行した私にとって、これは大きな一歩でした.新しい味や食感を発見して、食事の時間がとても冒険になりました.
6. **少年期:** いやあ、このステージはエネルギーといたずらに満ちていました！私は無限の好奇心を持っていて、目に見えるものすべてを探索せずにはいられませんでした.トレーニングの基本を学び、たくさんのゲームをプレイし、自分のユニークな個性を発見しました.
7. **思春期段階:** このステージには浮き沈みがありました.私は独立心を爆発させ、時には限界を試しました.ホルモンが活発になり、私はいくつかの変化を経験しました.ありがたいことに、人間たちの辛抱強い指導のおかげで、私は愛とサポートを持ってこの段階を乗り越えることができました.

8. **ヤングアダルト段階:** ああ、成熟の段階だ！身体的にも精神的にも大人の自分に落ち着きました.より自信がつき、経験も増えました.人生は遊び心と責任のバランスになった.

9. **大人の段階：** さて、私はみんな大人になりました！私は自分の可能性を最大限に発揮し、人生の最盛期を満喫しました.私にはまだたくさんのエネルギーがあり、与えることが大好きですが、良い昼寝と居心地の良いリラックスできる場所にも感謝しています.

各ステージでは、独自の冒険、課題、成長がもたらされました.そしてその間ずっと、私の人間はそこにいて、私を導き、育て、今日の素晴らしい犬になるために必要なすべての愛と世話を与えてくれました.横糸！あなたの愛犬が成犬になるまで同じようにしてあげてください.

新しい子犬、子犬から人間へのアドバイス

横糸！それで、あなたは自分の人生に子犬を迎えることに決めました.さて、子犬と人間にとって素晴らしいスタートを切るために知っておくべきことについてアドバイスをさせてください.さぁ行こう:

1. **献身：** 子犬を家に迎えるということは、今後何年も子犬の健康に努めることを意味します.彼らはあなたの時間、注意、愛情を必要としているので、一生続く毛皮で覆われた友情の準備をしてください.

2. **子犬対策:** 子犬は、口を使って探検するのが大好きな好奇心旺盛な小さな生き物です.潜在的な危険や噛み砕ける誘惑を排除し、家を子犬から守るようにしてください.電気コード、有毒植物、飲み込む可能性のある小さな物体に注意してください.

3. **社会化:** 子犬が自信を持ってうまく適応できる犬になるためには、早期に社会化することが重要です.積極的かつ管理された方法で、新しい人、動物、環境を彼らに紹介してください.そうすることで良いマナーを身につけ、不慣れな状況での不安を防ぐことができます.

4. **トレーニングと規律:** 子犬が到着した瞬間からトレーニングを始めてください.ポジティブな強化を使用して、基本的なコマンド、ハウスブレイク、および適切な行動を教えます.おやつ、褒め、一貫性は驚くべき効果をもたらします.優しい言葉は厳しい言葉よりもはるかに優れていることを覚えておいてください.

5. **健康とウェルネス:** 子犬が健康で、最新のワクチン接種を受けているかどうかを確認するために、獣医師の診察を計画しましょう.年齢や犬種に適した栄養価の高い食事を定期的に与えてください.被毛や歯のブラッシングなどのグルーミングは、犬の見た目と気分を最高の状態に保ちます.

6. **運動と刺激:** 子犬は数日分のエネルギーを持っています.十分な運動と精神的な刺激を与えるようにしてください.毎日の散歩、遊び、インタラクティブなおもちゃやゲームは子どもを幸せにし、退屈したりいたずらしたりするのを防ぎます.

7. **忍耐と愛:** あなたの子犬はまだ学習し、新しい環境に適応している段階です.**彼らが**この大きな世界を進んでいくまで、**辛抱強く待ってください.**信頼と前向きな強化に基づいた強い絆を築くために、たくさんの愛、関心、愛情を示してください.

8. **子犬の世話に関するリソース:** 子犬の世話に役立つリソースは世界中にあります.書籍、ウェブサイト、地元の子犬のしつけ教室では、基本的なケアから行動、しつけのテクニックに至るまで、あらゆることについて貴重なガイダンスを得ることができます.子犬の子育ての旅をサポートするこれらのリソースを探してください.

これらの点に留意し、愛情深く協力的な環境を作り出すことで、子犬が幸せでバランスのとれた犬に成長するのに役立ちます.あらゆる貴重な瞬間を楽しんで、一緒に作る素敵な思い出を大切にしてください.横糸!

子犬の課題と解決策

まず最初に、家を壊すのは少し大変な挑戦である可能性があります.子犬は自分の仕事をどこで行うべきかを学ぶ必要があります.トイレ休憩の一貫したルーティンを作り、適切な場所で休憩できたらたくさん褒めたりおやつを与えたりして、辛抱強く待ちましょう.事故は起こりますが、時間とポジティブな強化があれば、事故は収まります.

痛くなるかもしれません.子犬は口を使って探索するのが大好きなので、靴をむしゃむしゃ食べたり、指をかじったりすることがあります.噛むおもちゃをたくさん与えて、お気に入りのものをかじり始めたら、注意を向けるようにしましょう.噛みつき抑制を教え、優しい遊びにご褒美を与えると、何が適切かを理解するのに役立ちます.

人付き合いは時々厄介です！ 子犬を新しい人、動物、環境に徐々に紹介し、多くの前向きな経験をさせてください.子犬の社会化クラスは、他の毛むくじゃらの友達と出会い、新しい状況でも自信を持って対処できるように学ぶのに最適です.それは彼らがバランスのとれた犬になるのに役立ちます！

トレーニングには時間と労力がかかります.一貫性を保ち、積極的な強化方法を使用してください.おやつ、褒め、ご褒美は、あなたがしてほしいことを理解するのに役立ちます.特別なサポートが必要な場合は、子犬のトレーニング クラスに参加してみるのもいいでしょう.彼らはあなたとあなたの子犬を正しい道に導いてくれるでしょう.

分離不安は、遠吠えするような困難になる可能性があります.同腹子や母親と離れると、子どもは不安を感じることがあります.最初は短時間放置し、徐々に時間を延ばしてください.彼らのために居心地の良い空間を作り、彼らが忙しく過ごせるようにインタラクティブなおもちゃを残し、彼らが

リラックスできるように心地よい音楽やフェロモンディフューザーを試してみてください.歯が生えるのも少し

荒れることがあります.子犬は歯が生える時期に噛むのが大好きです.歯茎を落ち着かせるために、適切な歯が生えるおもちゃを提供してください.貴重品や危険物は手の届かないところに置き、家の中を子犬から守るようにしてください.噛まずにはいられないのです.

エネルギー、エネルギー、エネルギー! 子犬にはそれがたくさんあります.幸せで行儀よく保つためには、毎日の運動と精神的刺激が必要です.散歩に連れて行ったり、ゲームをしたり、パズルのおもちゃを与えたりして、頭を鋭く保ちましょう.疲れた子犬は良い子犬です!

忍耐と一貫性が成功の鍵であることを忘れないでください. 子犬を育てるには時間と労力がかかりますが、その見返りは素晴らしいものです.明確な境界線を設定し、良い行動に報い、厳しい罰を避けてください.必要に応じて、専門家の指導を受けて、個別のアドバイスを得ることができます.

したがって、たくさんの寄り添い、よだれのキス、そして終わりのない尻尾の振りに備えてください.あなたの新しい毛皮で覆われた友達はあなたの人生に大きな喜びをもたらします.覚えておいてください、この旅ではあなたは一人ではありません.足の助けが必要な場合は、他の愛犬家、トレーナー、または獣医師に連絡してください.子犬の日々を楽しんで、震える瞬間を大切にしてください.ワンワン!

横糸! 私の本の第 17 章について、いくつかのエキサイティングなニュースもあります.この章では、すべての子犬の飼い主が知っておくべき貴重な情報を詰め込んだ、特別で非常に便利な表を追加しました.愛らしい子犬の生後 1 週間から成犬になるまでの成長と発達の詳細な内訳が表示されます.表の各行は、貴重な生後数週間から子犬期のより成熟した段階ま

で、さまざまな年齢範囲を表しています.この表から、子犬の身体的および行動的発達に関する重要な洞察を見つけることができます.彼らの小さな体がどのように変化し、彼らの個性が輝き始めるかを見るのは興味深いです.

しかしそれだけではありません！健康管理、給餌スケジュール、トイレトレーニング、社会化など、子犬の世話の重要な側面をカバーしています.これは、毛むくじゃらのペットに可能な限り最高のケアとサポートを確実に提供するための役立つロードマップとして機能します.

子犬はそれぞれ個性があり、それぞれのペースで成長する可能性があることを覚えておいてください.ただし、この表は、子犬の人生の各段階で何が起こるかを概観するものです.これは、子犬を育てる喜びと困難を乗り越えるのに役立つ貴重なリソースです.子犬の品種、サイズ、健康要件に合わせた特定のワクチン接種スケジュールや食事の推奨事項については、必ず獣医師に相談してください.

したがって、必ず第 17 章を開いて、**子犬のライフステージ発達表を覗いてください**.楽しく読んで、毛むくじゃらの友達が成長し、繁栄するのを見るのを楽しんでください!横糸！

第13章

最後になりましたが、重要なことです

横糸！素晴らしい冒険の終わりに到達しました、私の素晴らしい人間の友人たち.私たちは一緒に、犬の不安という神秘的な世界を深く掘り下げ、その秘密を解明し、私たちの生活により多くの喜びと平和をもたらす方法を見つけ出しました.

私たちは不安という言葉を話し、上司のようにお互いの合図を読み取ることを学びました.不安になったときに発する兆候から、尻尾を巻き、心臓を高鳴らせる身体的症状まで、内部の情報を入手しました.

私たちは、放っておかれるときの分離不安や、雷雨や花火のときに震える毛玉になってしまう騒音恐怖症など、根本的な原因を嗅ぎつけました.そして、社交不安についても忘れないようにしましょう.私たちは、勇敢な子犬のように友達を作り、恐怖を克服する方法を学びます.

しかし、忠実な人間の皆さん、心配しないでください.私たちは犬に適したチルゾーンを作成する秘密も発見しました.私たちは、ポジティブな強化トレーニングがどのように自信を高め、テニスボールの結び目よりも強い絆を築くことができるかを学びました.そして、快適さと安定性をもたらすルーチンにより、一貫性が重要であることがわかりました.

そして、ああ、私たちは不安を後回しにする尻尾を振るような製品を放ったのでしょうか.私たちを心地よく包み込んでくれるぴったりのサンダーシャツから、楽しませて気を紛らわせてくれるインタラクティブなおもちゃまで、不安な瞬間を克服するためのツールが揃っています.

場合によっては追加のサポートが必要になる場合がありますが、その場合は薬や行動学者やトレーナーによる専門的なサポートが窮地を救ってくれます.彼らは犬の世界のスーパーヒーローのようなもので、私たちが最も必要としているときに助けの足を貸してくれるのです.

しかし、ここにスクープがあります、私の素晴らしい人間たち、この旅は私たちだけのものではありません.それはあなたのことでもあります！自分を大事にして、自分のバランスを見つけて、遠慮せずに尋ねてください必要なときにサポートします.あなたが最高の状態にあるとき、あなたは私たちに尻尾を振るほどの愛情と配慮を与えてくれるでしょう.

この本は、より幸せでバランスの取れた人生への足がかりとなるガイドとして機能することを忘れないでください.犬はそれぞれ個性があり、戦略やテクニックを個人のニーズに合わせて調整することが不可欠です.専門家に相談し、提案を調整、修正して、私の健康を最もよくサポートする個人的な計画を作成します.

私がこの本を書き始めたとき、**「はしがき」**で私が不安そうな顔をしていたのを覚えていますか?さて、私の言葉を読んだ後の私の幸せな顔を見てください.あなたの理解と献身は私にとって非常に意味があり、いつも私を気遣ってくれるあなたをさらに信頼しています.犬の不安の深さを掘り下げて、私と私の仲間の毛むくじゃらの友達にもっと穏やかで幸せな生活を提供する方法を教えてくれてありがとう.私にとって必要であり、それにふさわしい人間の仲間でいてくれて、心の底から感謝します.

ワンワン！私は期待に尻尾を振り、興奮でわめきながら、フィードバック、心温まる話、役立つメモを共有していただくよう呼びかけています.ぜひご意見を伺い、私の本に関するあなたの経験について知りたいと思っています.それで、そのキーボードを手に取り、入力して、私のメールアドレスにあなたのわめき声を送ってください.私たちは力を合わせて変化を起こし、あらゆる場所で犬をサポートする愛犬コミュニティを作ることができます.この尻尾を振る冒険にご参加いただきありがとうございます!

共有したい成功事例や、悩んでいる質問がある場合、または単に私に腹をさすって愛を注ぎたい場合は、遠慮せずに連絡してください.あなたのわーわー声は私にとって世界を意味します！もう一度、私の犬仲間を助けるために連絡を取り続けてください！

worriestowags@gmail.com

この電子メール アドレスは、すべての翻訳がまとめられる共通のメールボックスです.件名に言語の接頭辞を追加するだけで、より早く返信できるようになります.それは私の不安へのご褒美のようなものです.コミュニケーションをスムーズにしてくれてありがとう！メールの件名の書き方は次のとおりです.

件名例	言語の場合
SP- メールの件名	スペイン語
FR- メールの件名は	フランス語です
IT- メールの件名	イタリア語
GR- メールの件名は	ドイツ語です
DU- メールの件名は	オランダ語です
JP- メールの件名	日本語
CN- メールの件名	中国語

インスタグラムInstagramでも私を見つけることができます.**Worries to Wags** で私をフォローしてください.愛らしい写真、ちょっとした冒険、そして毛むくじゃらの仲間たちと幸せで健康的な生活を送るための役立つヒントが詰まった、わがままな体験をお楽しみください.犬に関連したものへの愛を分かち合える、毛皮で覆われた友情を一緒に築きましょう. 面白いビデオ、心温まるストーリー、トレーニングのコツなど、あらゆる情報が1 か所で見つかります. さらに、私の日々の冒険や今後のプロジェクトの舞台裏を垣間見ることができます. QR コードを使用します. それ以外の場合は、完全なリンクをここに示します.

@WORRIES_TO_WAGS

https://instagram.com/worries_to_wags?igshid=OGQ5ZDc2ODk2ZA==

それで、人間を捕まえて、その**フォロー**ボタンをタップして、パックに参加してください.私たちは一緒に、四本足の友達が私たちの生活にもたらしてくれる喜び、仲間、そして無条件の愛を祝う愛犬家のコミュニティを作りましょう.

親愛なる人間の友人の皆さん、この尻尾を振る冒険を終えるにあたり、私たちの旅は限りない愛、信頼、そして理解で満たされているということを思い出してください.皆さんの揺るぎないサポートがあれば、私たちは勇気を持って不安に立ち向かい、共有した瞬間の温かさに慰めを見つけることができます.

リードをしっかり持ってください.探検すべきことはまだたくさんあります.これらのページをめくると、40 種類の人気犬種、毛むくじゃらの仲間、そして情報の宝庫に関する詳細があなたを待っています.

他の犬種のすべての友人を代表して、この変革の旅で完璧な仲間でいてくれてありがとう.

たっぷりのよだれたっぷりの舐めとたっぷりの犬の愛で、

王子

Prince

第14章

各犬種詳細、愛犬の解説ページ

ワンワン！こんにちは、親愛なる人間の友人よ！いくつかのエキサイティングなニュースがあります.次のページでは、私の素晴らしい犬の友達がスポットライトを当てて自分たちについて話します.しっぽを振る物語と子犬がいっぱいの冒険の世界に飛び込む準備をしましょう!

どの品種にも、私たちを特別なものにする独自の特徴があります.コミュニケーションの取り方から、興味深い歴史、さらには不安に感じていることまで、私たちは多様性に富み、共有すべきことがたくさんあります.なぜ一部の品種で鳴き声が違うのか、遺伝的背景が私たちの行動にどのような影響を与えるのか、どのような生活環境が私たちに最適なのかなどについて吠えます.

忠実で愛らしいラブラドールレトリバー、知的で堂々としたジャーマンシェパード、遊び好きでエネルギッシュなゴールデンレトリバー、しわくちゃの魅力的なブルドッグなど、それぞれの品種には独自の物語があります.小さなチワワから雄大なグレートデーンまで、私たちの経験、好み、そして私たちをユニークにしているものを共有します.

私たちの中には、理解とサポートが必要な特定の不安を抱えている人もいるでしょう.私たちはしっぽを振りながら、何が私たちを不安にさせるのか、そして私たちの愛する人間の仲間が私たちの不安をどのように和らげてくれるのかについて話します.また、私たちが好きな活動の秘密、必要な睡眠時間、屋内と屋外のどちらで成長できるかについてもお伝えします.

それで、ソファの居心地の良い場所をつかみ、毛皮で覆われた友人（それは私です！）と寄り添う準備をして、ページをめくって犬の世界を巡る楽しい旅に乗り出しましょう.私の仲間の犬たちは、まるで口を動かしてあなたに直接話しているかのように、自分たちの物語、洞察、経験を共有します.

皆さんが彼ら全員に会って、私たちの毛むくじゃらの家族の驚くべき多様性を発見するのが待ちきれません.笑いと知識と感動に満ちた素晴らしい時間となるでしょう.犬の素晴らしい世界への理解を深めることができます.人間とその四本足の仲間との間のユニークな絆を祝いましょう.

Alaskan Malamute

アラスカンマラミュート

ワンワン！やあ、人間の相棒よ！それはあなたのアラスカン・**マラミュートの友達です**.私たち素晴らしいマラミュートについて知っておくべきことをすべて教えてくれるでしょう.

まず最初に、私たちの品種について話しましょう.アラスカン・**マラミュートは、北極でそり犬として活躍してきた興味深い伝統を持っています**.強く、回復力があり、フレンドリーになるように育てられた私たちは、犬の世界の毛むくじゃらの探検家のようなものです.私たちは、雪の多い地形を越えて重い荷物を引っ張り、忠実な仲間として人間と緊密に協力してきた印象的な歴史を持っています.

さて、私たちのユニークな音の言語について話しましょう.ああ、私たちが作る音はとても魅力的です！私たちは、独特の**「ウーウー」という遠吠えから、**表情豊かな「ウーウー」という声や、ふざけた愚痴まで、さまざまな発声をしています.私たちが心のこもった遠吠えをするとき、それは多くの場合、喜びを表現したり、長距離でコミュニケーションをとったりするための方法です.そして、私たちが優しい**ウーウーを発するとき、**それは私たちのフレンドリーな挨拶です、「こんにちは、私はたくさんの愛を与えてここにいます！」

不安に関して言えば、私たちアラスカンマラミュートは、特定の状況で不安を感じることがあります.大きな騒音、愛する人との別れ、慣れない環境などにより、私たちは少し不安を感じることがあります.穏やかで安全な環境を提供し、心地よい安心感を与え、徐々に新しい経験をもたらしてくれることは、私たちの不安を和らげるのに役立ちます.親愛なる皆さん、あなたの愛、気遣い、そして理解は私たちにとってとても大切なものです！

ああ、好き嫌いも忘れないようにしましょう.私たちアラスカンマラミュートは、アウトドアアドベンチャーや身体活動が大好きです.かどうかそりを引いたり、長いハイキングに出かけたり、体と心を刺激するゲームをしたりして、私たちは運動と探検で成長します.私たちは冒険心があり、人間の仲間と一緒に世界を探検することに熱心です.

くつろぎの時間になったら、私たちマラミュートは休息して元気を取り戻すための居心地の良い場所を高く評価します.私たちは暖かい暖炉の近くの快適な場所や、ぴったりとした犬用ベッドで丸まって楽しんでいます.夢のような眠りは、次のエキサイティングな冒険に向けてエネルギーを充電するのに役立ちます.

生活環境に関して言えば、私たちアラスカン・マラミュートは多用途で順応性があります.私たちは屋内で人間の群れと過ごす時間を楽しんでいますが、歩き回ったり、足を伸ばしたり、新鮮な空気を吸ったりできる安全な屋外エリアへのアクセスも必要です.頑丈なフェンスのある広々とした庭は、私たちの自然な本能を満たし、活動的に過ごすことを可能にします.

私たちの幸福と幸福を確保するために、飼い主は私たちに定期的な運動、精神的刺激、社交性を提供する必要があります.私たちは賞賛やご褒美によく反応するため、ポジティブ強化トレーニング方法は驚くほど効果的です.お腹をさすって遊んだり、愛情たっぷりにサポートしてくれる環境は、私たちアラスカンマラミュートを最も幸せにします.

結論として、親愛なる皆さん、私たちアラスカン・マラミュートは、忠実で、冒険心があり、優しい巨人です.私たちの品種の歴史、ユニークな鳴き声、そして特定のニーズにより、私たちは注目に値します.私たちはあなたの愛、導き、そしてエキサイティングな旅を頼りにしています.あなたの愛、忍耐、そして献身で、私たちはあなたが望むことのできる最も献身的な毛皮で覆われた友達になります!

それでは、この素晴らしい旅に一緒に乗り出しましょう、私の人間の友人よ.私たちは、忘れられない冒険、振る尻尾、そして終わりのない愛に満ちた、時の試練に耐える絆を築きます.力を合わせれば、一度に一歩ずつ、世界を征服することができます.

大きな毛むくじゃらのハグとずさんなキスを送って、

あなたのアラスカンマラミュート

Australian Cattle

オーストラリアン・キャトル・ドッグ

良い一日の仲間！あなたのオーストラリアン・キャトル・ドッグの仲間がここに来て、私たちの元気で忠実な子犬についてのすべてを教えてくれる準備ができています.時代を切り裂く準備をしましょう！

まず最初に、私たちの品種について話しましょう.ブルーヒーラーとしても知られるオーストラリアン キャトル ドッグは、真っ青な使役犬です.ダウンアンダーの土地で飼育された当社は、過酷なオーストラリアの奥地で牛を飼う農家を支援するために開発されました.私たちは知性、敏捷性、そして人間の仲間に対する揺るぎない忠誠心で知られています.

コミュニケーションに関して言えば、私たちは犬の中で最も吠えるわけではありませんが、自分自身を表現する独自の方法を持っています.私たちは確信が持てないときに低くゴロゴロとしたうなり声をあげたり、何かが起きていることを知らせるために鋭い警戒心のある吠え声を上げたりすることがあります.そして、表情豊かな目も忘れないでください.それらは私たちの魂への窓のようなもので、私たちの感情やあなたとの深いつながりを反映しています.

特に十分な身体的および精神的刺激が与えられていない場合、不安によって私たちは打ちのめされてしまうことがあります.私たちは行動と目的を切望する犬種なので、魅力的なアクティビティ、体系化されたトレーニング、豊富なエクササイズを提供することで、不安レベルを抑えることができます.疲れたブルーヒーラーは幸せなブルーヒーラーになります！

さて、何が私たちを興奮させて尻尾を振るのかについて話しましょう.私たちは精神的および肉体的な課題に挑戦して成長するので、問題解決や敏捷性の練習を必要とするゲームはまさに私たちの道にあります.新しい技を学ぶときも、ドッグスポーツに参加するときも、冒険的なハイキングに出かけるときも、私たちは楽しい時間を過ごすために常に準備をしています.ああ、フェッチも忘れないでください!私たちはチャンピオンフェッチャーであり、いつでもテニスボールやフリスビーを追いかける準備ができています.

睡眠に関して言えば、私たちはカウチポテトタイプではありません.私たちは忍耐力と労働倫理で知られているので、毎日約10～12時間の居眠り時間は問題ありません.しかし、私たちがすぐに行動に戻る準備ができていても驚かないでください.

生活環境に関しては、私たちはさまざまな環境に適応できる万能な犬です.しかし、十分な運動と精神的な刺激を与えてくれる、活発な家族がいる家庭では、私たちは成長します.安全に柵で囲まれた庭は、私たちが探索して豊富なエネルギーを燃やすことができるので、ボーナスです.

私たちが幸せで健康を保つためには、バランスの取れた食事、定期的な運動、そして十分な交流を提供することが重要です.私たちは非常に訓練しやすく、喜ばせることに熱心なので、ポジティブな強化トレーニング方法が私たちにとって最も効果的です.行儀が良く、精神的に刺激を受けたブルー・ヒーラーは満足しています.

結論として、親愛なる人間の仲間である私たちオーストラリアン・キャトル・ドッグは忠実で賢く、常に冒険をしています.使役犬としての経歴、独特のコミュニケーションスタイル、エネルギッシュな性質により、私たちは他に類を見ない存在となっています.あなたの愛、導き、そして適度な精神的・肉体的刺激があれば、私たちはあなたの忠実で熱心な生涯の相棒となります.

さあ、楽しく騒いで、一生残る思い出を作りましょう!私はここにいて、あなたのそばにいて、世界を探索し、無条件の愛と揺るぎない忠誠心をあなたに注ぐ準備ができています.

歓声と尻尾振り、

あなたのオーストラリアン・キャトル・ドッグ

Australian Shepherd

オーストラリアン シェパード

ワンワン！良い一日の仲間！ここにいるオーストラリアン シェパードの相棒は、私たちの犬種の素晴らしい世界を垣間見る準備ができています.帽子をかぶってブーツの紐を締めて、他では味わえない冒険の準備をしましょう.

まず最初に、私たちの品種の背景について話しましょう.その名前にもかかわらず、私たちは実際にはアメリカにルーツを持っています.多用途の作業犬として品種改良された私たちは、強い群れをなす本能と、たゆまぬ労働倫理を持っています.家畜の指導であっても、アジリティーコースの習得であっても、私たちは常に挑戦する姿勢を持っています.

コミュニケーションに関しては、私たちはとてもおしゃべりです.吠え声や遠吠えからイップスや愚痴まで、私たちはさまざまな発声をします.それぞれの音には、私たちと人間の仲間との間の秘密の暗号のように、意味があります.よく聞いてください.そうすれば、私たちが興奮しているとき、何かを警告しているとき、または単純に「**さあ、遊ぼう！」と言っているときがわかるでしょう.**

私たちオーストラリアン シェパードは、特に精神的および肉体的な刺激が十分に得られない場合、不安に影響されることがあります.私たちは活動し、やるべき仕事があることで成長します.したがって、インタラクティブなおもちゃ、やりがいのあるパズル、豊富な演習に夢中になってください.一貫した日課、積極的な強化、そしてたくさんの愛と愛情で、私たちはあなたの穏やかで自信に満ちた相棒になります.

さて、私たちの好き嫌いについて話しましょう.私たちは生来のアスリートであり、いつでも行動する準備ができています.長い散歩、大自然の中でのハイキング、さらには敏捷性トレーニングさえもすぐそばにあります.また、私たちは非常に知能が高いので、トレーニングセッションや新しいトリックの学習で頭を忙しくしておくことで、喜んで尻尾を振ることができます.私たちの陽気な性質と時折のズーミーの爆発に備えてください.リラックスするときは、居心地の良いリラックスできる場所がありがたいです.エネルギーを充電するには、毎日約14～16時間の睡眠が理想的です.私たちが柔らかいベッドで丸くなったり、窓際の日当たりの良い場所を主張したりしているのを見かけるかもしれません.精神的刺激と肉体的刺激のバランスが取れているときが最も幸せなので、両方を与えてください.

私たちの生活様式に関して言えば、私たちはさまざまな環境に適応できます.定期的に運動をしたり、精神的に刺激を受けたりするアパートでも私たちは満足できますが、足を伸ばして探索できる安全な庭にアクセスできる家では真に豊かに生きられます.私たちは群れを作る本能により、動くものを追いかけたくなる可能性があるため、フェンスが丈夫であることを確認してください.

私たちが幸せで健康を保つためには、精神的および肉体的な運動を十分に行う必要があります.新しいトリックを教えたり、挑戦的なパズルを提供したり、インタラクティブなプレイセッションに参加したりすることで、私たちは精神的に刺激を受け続けることができます.安全な場所で定期的に散歩したり、走ったり、リードを外して遊んだりすることは、エネルギーを消費し、健康を維持するのに役立ちます.疲れたオーストラリア人は幸せなオーストラリア人です!

結論として、親愛なる人間の友人、私たちオーストラリアン シェパードは精力的で、賢く、いつでも冒険の準備ができています.私たちの独特の鳴き声、活動への愛情、そして忠誠心が、私たちを他に類を見ない犬種にしています.あなたの愛、指導、そしてお腹をたくさん撫でてもらえれば、私たちはあなたの最も献身的で楽しい仲間になります.

ハイキング、トレーニング セッション、そして忘れられない瞬間が詰まった、スリル満点の旅に一緒に乗り出しましょう.私はあなたのそばにいて、尻尾を振り、オーストラリア人特有の笑顔を見せます.

愛と無限のエネルギーを込めて、

あなたのオーストラリアン・シェパード

Beagle

ビーグル

ワンワン！やあ、人間の相棒よ！それはあなたのビーグル犬の友達で、私たちビーグル犬について知っておくべきことをすべて発見するための香りの旅にあなたを連れて行く準備ができています.楽しい時間を過ごす準備をしましょう！

まず最初に、私たちの品種について話しましょう.ビーグル犬はとても魅力的で、嗅覚猟犬としての豊かな歴史を持っています.私たちはもともと狩猟のために飼育されており、鋭い嗅覚を使って獲物を追跡します.今日、私たちは素晴らしい家族の仲間を作り、フレンドリーで愛らしい性格で知られています.

では、私たちの独特の音言語について詳しく見ていきましょう.ああ、私たちが出す音よ！私たちは、愛らしい遠吠えや吠え声から、表現力豊かな泣き声や鳴き声まで、かなりのボーカルレパートリーを持っています.私たちが長くメロディックな遠吠えをするとき、それは多くの場合、喜びを表現したり、その地域にいる他のビーグル犬とコミュニケーションをとったりする方法です.そして、私たちが一連の短く鋭い鳴き声を発するとき、私たちが嗅ぎつけた何か興味深いものをあなたに警告するかもしれません.

不安に関して言えば、私たちビーグル犬は時々分離不安を起こしたり、一人にされると少し不安になったりすることがあります.私たちは仲間との交流を大切にし、集団の一員であることを好みます.したがって、インタラクティブなおもちゃやパズル、たくさんの遊びの時間を使って精神的に刺激し続けることで、私たちが経験するかもしれない不安を和らげることができます.あなたの存在と注目は私たちにとってとても意味のあるものです.

さて、私たちの好き嫌いについて話しましょう.ビーグル犬は冒険に対する嗅覚を持っています.私たちは探検したり、目に見えるものすべての匂いを嗅いだり、魅力的な香りを追いかけたりするのが大好きです.長い散歩やアウトドアの冒険は、私たちを幸せで健康に保つのに最適な方法です.私たちの狩猟本能は時々私たちを迷わせる可能性があるので、必ずリードでつないでください.

バッテリーを充電するとき、私たちビーグル犬は毎日約 12 ～ 14 時間の睡眠を必要とします.ですから、私たちが居心地の良い犬用ベッドで丸くなったり、窓辺の日当たりの良い場所で居眠りしているのを見つけても驚かないでください.私たちは昼寝を真剣に考えています！

生活環境に関して言えば、私たちビーグルは適応力のある子犬です.私たちは人間と一緒に屋内で過ごすことを楽しむことができますが、探索したり鼻をたどったりできる安全な屋外エリアにアクセスできることにも感謝しています.柵で囲まれた庭やドッグランへの定期的な旅行は、私たちにとって尻尾を振るのが楽しいのです.

私たちの健康を確保するために、飼い主は私たちに定期的な運動、バランスの取れた食事、精神的な刺激を与える必要があります.おやつや褒め言葉を使ったポジティブな強化トレーニングは、私たちビーグル犬にとって、学ぶことや人間を喜ばせることが大好きなので、驚くほど効果的です.忍耐と一貫性を持って、私たちはあなたの家族のグループの行儀が良く献身的なメンバーになれるでしょう.

結論として、親愛なる皆さん、私たちビーグルは遊び心があり、愛情深く、好奇心旺盛です.私たちの犬種の歴史、独特の鳴き声、特別なニーズが私たちを特別なものにしています.忘れないでください、私たちはあなたに愛、思いやり、そしてエキサイティングな冒険を期待しています.

それでは、一緒にこの旅に乗り出しましょう、私の人間の友人よ.皆様のご理解と忍耐、そしてたくさんのおなかをさすっていただくことで、一生続く思い出を作りましょう.しっぽを振り、鼻を濡らして、無限のビーグルの魅力に備えましょう.

たくさんの愛としっぽを振って、

あなたのビーグル

Belgian Malinois

ベルギーマリノア

ワンワン！やあ、人間の相棒よ！あなたのベルギー人マリノアの友人です.私たちの素晴らしい品種についての刺激的な詳細をすべて共有したいと思っています.爽快な冒険への準備はできていますか?さっそく飛び込んでみましょう!

まず最初に、私たちの品種について話しましょう.ベルジアン・マリノア犬は、並外れた知能、揺るぎない忠誠心、そして印象的な労働倫理で知られています.もともと家畜の群れや警備のために品種改良された犬は、警察の仕事、捜索救助、さらには競技スポーツなど、さまざまな分野で優れた多用途の作業犬になりました.私たちは犬界のスーパーヒーローのようなもので、どんな困難にも立ち向かう準備ができています.

さて、私たちのユニークな音の言語について話しましょう.ああ、私たちが作る音はとても魅力的です！私たちは鋭い吠え声から柔らかい鳴き声やうなり声まで、さまざまな発声を持っています.私たちが強く威圧的な吠え声を発するとき、それは多くの場合、潜在的な危険を警告したり、私たちの保護的な性質を表現したりする方法です.そして、私たちが優しくメロディックな泣き声を発するとき、それは私たちのニーズを伝え、あなたの注意を引く方法です.

不安に関して言えば、私たちベルギーマリノアは、特定の状況で警戒心が高まることがあります.私たちの自然な防御本能と高いエネルギーレベルにより、私たちは環境の変化に敏感になることがあります.精神的および肉体的な刺激を与え、困難な課題に取り組み、体系化されたルーチンを確保することは、私たちが感じる不安を軽減するのに役立ちます.親愛なる皆さん、私たちにとってあなたのご指導とご支援はとても大切です.

ああ、好き嫌いも忘れないようにしましょう.私たちベルギーマリノアには、活動と目的に対する生来の意欲があります.私たちは精神的にも肉体的にも成長します服従訓練や敏捷性の訓練、あるいは知性を試す困難な課題への取り組みなどを通じて、刺激を与えます.私たちは、お客様の積極的なパートナーであることを嬉しく思い、仕事をすることを楽しんでいます.力を合わせてどんな困難も克服し、すべての瞬間を大切にしましょう!

私たちベルギーマリノアは、休息の時間になったら、くつろいで充電できる居心地の良い場所を大切にします.快適な犬用ベッドや静かな家の隅がちょうどいいでしょう.私たちはお気に入りのおもちゃで丸くなったり、ただあなたの側に横たわったりして、守られ、愛されていると感じているかもしれません.

生活環境に関して言えば、私たちベルギーマリノアはさまざまな環境にうまく適応できます.屋内でも屋外でも、自分だけのスペースがあるとありがたいです.しかし、私たちには消費するエネルギーが豊富にあるので、運動や精神的刺激の十分な機会を提供することが重要です.安全に柵で囲まれた庭と定期的な屋外活動は、私たちを幸せで充実させてくれます.

私たちの幸福と幸福を確保するために、飼い主は私たちに一貫した訓練、社会化、精神的な課題を提供する必要があります.私たちは賞賛と報酬で成長するので、ポジティブ強化テクニックは驚くべき効果を発揮します.愛情深く体系化された環境と、たっぷりの遊び時間と愛情が相まって、私たちの最高のものを引き出し、私たちの絆を強化します.

結論として、親愛なる皆さん、私たちベルギーマリノアは知的で、忠実で、意欲的な仲間です.私たちの犬種の歴史、独特の鳴き声、特定のニーズにより、私たちは本当に特別な存在となっています.私たちは皆さんの導き、目的、そして揺るぎない愛を求めています.あなたの献身、忍耐、そして少しの冒険で、私たちはこれまで想像したことのないほど忠実で並外れた毛皮で覆われた友達になるでしょう!

それでは、この素晴らしい旅に一緒に乗り出しましょう、私の人間の友人よ.私たちは、忘れられない冒険、振る尻尾、そして限りない愛に満ちた、一生続く絆を築きます.一緒に、一度に一歩ずつ、世界を征服しましょう!

よだれたっぷりのキスと尻尾の振り、

あなたのベルギーマリノア

Bernese Mountain

バーニーズ・マウンテン・ドッグ

ワンワン！こんにちは、私の素晴らしい人間の友人です！あなたのバーニーズ・マウンテン・ドッグの仲間です.バーニーズ・マウンテン・ドッグの驚くべき犬種について、知っておくべきことをすべてここで共有します.

私たちの背景から始めましょう.私たちバーニーズ・マウンテン・ドッグはスイス・アルプスの出身で、元々は使役犬として飼育されていました.私たちの先祖は、牛の群れから荷車を引くまで、さまざまな作業で農民を助けました.だからこそ、私たちは強い労働倫理と深い忠誠心をDNAに刻み込んでいます.

コミュニケーションに関しては、私たちはあまり積極的ではないかもしれませんが、自分自身を表現するための独自の特別な方法を持っています.私たちの表情豊かな目は、私たちの穏やかで優しい性質を反映しています.そして、ああ、私たちの振る尻尾は、風になびく幸せの旗のようなもので、私たちが愛する人間と一緒にいるときの興奮と喜びを示しています.

私たちバーナー一家は、不安によって体調を崩すことがあります.私たちは愛と注目によって成長する敏感な魂です.雷雨、大きな騒音、または愛する人との別れは、私たちを不安にさせることがあります.心を落ち着かせる言葉、穏やかな環境、そしてあなたの心強い存在は、私たちの不安を和らげ、安心感と愛されていると感じさせる驚くべき効果をもたらします.

では、私たちが好きなこと、楽しんでいることについて話しましょう.私たちは人間と一緒に時間を過ごし、できる限りの愛情と抱擁を満喫するのが大好きです.私たちは、山のように大きな心を持った、真の優しい巨人です.自然の中を長時間散歩し、大自然を探索し、ふわふわの毛並みに新鮮な空気を感じると、私たちは純粋な喜びで尻尾を振ります.

休憩するときは、くつろげる居心地の良い快適な場所がありがたいです.私たちは通常、体力を回復させるために毎日約 12 ～ 14 時間の睡眠を必要とします.体も心も.私たちがお気に入りの隅で丸くなったり、床に伸びて、野原を駆け抜けたり、人生のささやかな楽しみを楽しんだりすることを夢見ているのを見つけるかもしれません.

私たちの生活環境は、庭がある家、または屋外スペースにアクセスできる家で繁栄しています.私たちは歩き回ったり探検したりできる部屋があるのが大好きですが、愛する人と一緒に屋内にいる温かさと快適さも大切にしています.アウトドアの冒険と室内での質の高い時間を備えたバランスの取れたライフスタイルは、私たちを幸せで満足させてくれます.

私たちの健康と体力を維持するには、定期的な運動が重要です.毎日の散歩、遊び、精神を刺激する活動は私たちの健康にとって不可欠です.アクティブなライフスタイルをサポートする栄養価の高い食事も大切にしています.そして身だしなみの大切さも忘れてはいけません.美しく厚い被毛を清潔に保ち、もつれをなくすためには定期的なブラッシングが必要です.

結論として、親愛なる人間の仲間である私たちバーニーズ・マウンテン・ドッグは、優しく、忠実で、愛に満ちています.私たちの豊かな伝統、表情豊かな目、そして揺るぎない献身が私たちを信じられないほど特別なものにしています.あなたの愛、配慮、そして理解があれば、私たちはあなたが望むことのできる最も幸せで最も献身的な毛皮のような仲間になるでしょう.

さぁ、愛と冒険と尻尾を振る旅に出かけましょう.一緒に山を征服し、大切な思い出を作り、一生続く絆を体験しましょう.

全ての愛と忠誠を込めて、

あなたのバーニーズ・マウンテン・ドッグ

Bichon Frise

ビションフリーゼ

ワンワン！こんにちは、愉快な人間の友人よ！あなたのビション・フリーゼの友人がここにいます.ふわふわで愛らしいビション・フリーゼの素晴らしい点をすべて共有する準備ができています.

私たちの背景から始めましょう.ビション・フリーゼは、陽気で愛情深い性格で知られています.私たちの豊かな歴史は地中海地域の王宮にまで遡り、そこで私たちは仲間やパフォーマーとして慕われていました.華やかな白衣と魅力的な性格により、私たちは貴族の寵児となりました.

コミュニケーションはどのような関係においても重要であり、私たちビション族は独自の言語を持っています.私たちはそれほどうるさく吠えるわけではありませんが、表情豊かな目と尻尾を振ることでそれを補っています.私たちが元気に腰を振ったり、幸せそうに跳ねたりしてあなたに挨拶するとき、それは私たちがあなたに会えて大喜びしていることを意味します.そして、私たちが首を傾げてあなたに好奇心旺盛な表情をするとき、それは私たちの言い方です、「**もっと教えてください、人間！**」

私たち敏感なビションは不安に悩まされることがあります.私たちは、愛する人から離れたとき、または不慣れな状況に直面したときに、分離不安を経験することがあります.安心感を得るには、忍耐、安心感、一貫した日常生活が不可欠です.馴染みのある香りや心地よいおもちゃで、居心地が良く安全な空間を作ることも、不安を和らげるのに役立ちます.

さて、私たちが崇拝しているもの、そして私たちが興奮して尻尾を振るのは何なのかについて話しましょう.私たちは注目の的になることが大好きです!私たちは仲間との交流を大切にし、愛情深い家族の一員であることを楽しんでいます.抱きしめたり、お腹をさすったり、優しく撫でたりすることは、私たちの耳に音楽のように聞こえます.毎日の遊びとインタラクティブなおもちゃは、私たちを精神的に刺激し、幸せにさせます.私たちは、睡眠に関して最も快適な場所を見つける専門家です.通常、バッテリーを充電するには毎日約 12 ～ 14 時間の睡眠が必要です.私たちは柔らかいクッションの上で丸くなったり、毛布の下で寄り添ったりして、楽しい冒険やおいしいおやつを夢見ているのを見つけるかもしれません.

生活環境に関して言えば、私たちはさまざまな環境で成長できる適応力のある小さな子犬です.定期的に散歩したり遊んだりして活動的でいられる限り、私たちはアパートや一軒家に楽しく住むことができます.私たちは屋内の快適さを楽しむ一方で、屋外の散歩や毎日の散歩中に新しい香りを探索することも楽しみます.

見た目を美しく保つためには、定期的なグルーミングが不可欠です.私たちの美しい白い被毛は、つや消しを防ぐためにブラッシングをし、トリミングのために定期的にトリマーに行く必要があります.私たちの健康と幸せを保つためには、適切な食事、高品質の食事、定期的な獣医師の診察が重要です.

結論として、親愛なる人間の仲間、私たちビション・フリーゼは喜びと愛の塊です.私たちの王室の伝統、表情豊かな目、愛情深い性質が私たちを魅力的なものにしています.あなたの愛、思いやり、そして献身によって、私たちはあなたが望むことのできる最も幸せで最も忠実な仲間になります.

それでは、笑い、抱擁、そして終わりのない尻尾振りに満ちた旅に出かけましょう.私たちは一緒に貴重な思い出を作り、今後何年にもわたってあなたの心を温める絆を共有します.

私のすべての愛とふわふわの抱擁を込めて、

あなたのビション・フリーゼ

Border Collie

ボーダーコリー

ワンワン！こんにちは、私の素晴らしい人間の仲間です！賢くて元気なボーダーコリーの相棒がここに来て、私たちの並外れた犬種についての素晴らしい詳細をすべて共有する準備ができています.バックルを締めて、ボーダーコリーの素晴らしい世界への旅に出かけましょう!

まずは品種情報から始めましょう.ボーダーコリーは、知性、敏捷性、群れを作る能力で有名です.印象的な毛並みと魅惑的な瞳で、とても注目を集めています.もともと使役犬として飼育されてきた私たちの鋭い本能と無限のエネルギーは、あらゆる種類の活動の優れたパートナーとなります.

さて、私たちのユニークな音の言語について話しましょう.ああ、私たちが出す音よ！熱狂的な吠え声から興奮したイップス、さらには穏やかな泣き声まで、私たちはさまざまな感情を伝えます.よく聞けば、ボーダーコリーの独特の言語が理解できるでしょう.それぞれの吠え声、うなり声、泣き声は、興奮を知らせたり、何か重要なことを警告したり、遊びたい、楽しみたいという欲求を表現したりするなど、何か意味のあるものを伝えます.

不安に関しては、私たちボーダーコリーは敏感であることが知られています.日常生活の変化、大きな騒音、または長時間一人でいると、私たちは少し不安に感じることがあります.私たち人間は、精神的および肉体的な刺激に満ちた、安定した安全な環境を提供する必要があります.パズルおもちゃやインタラクティブなトレーニング演習などの挑戦的な活動に取り組むと、エネルギーを流し、心を集中し続けることができます.あなたの忍耐、理解、そして愛情深い存在は、不安な瞬間に私たちにとって大きな意味を持ちますああ、好き嫌いも忘れないようにしましょう.私たちボーダーコリーは、仕事をするのが大好きです.羊の群れを追うことも、フリスビーを持ってくることも、アジリティーやフライボールなどのドッグスポーツに参加することも、私たちは精神的および肉体的な課題を乗り越えて成長します.私たちが最も幸せなのは、自分の知性と運動能力を披露する目的と機会があるときです.次のエキサイティングな冒険を心待ちにしている私たちが、そのような熱い視線を送っても驚かないでください.

リラックスするときは、リラックスして充電できる居心地の良い場所がありがたいです.私たちの睡眠ニーズはさまざまですが、一般的に毎日 12 〜 14 時間の安らかな睡眠が必要です.ですから、あなたは私たちが柔らかい犬用ベッドで寄り添ったり、足元で丸くなったりして、リスを追いかけたり、新しい技を習得したりすることを夢見ているのを見つけるかもしれません.

生活環境に関して言えば、私たちボーダーコリーは、精神的および肉体的な刺激が十分にある限り、さまざまな環境にうまく適応できます.私たちは足を伸ばして遊び心のある活動を満喫できる安全な屋外エリアを利用できることに感謝していますが、愛する人間たちと屋内で過ごす時間も大切にしています.刺激的なエクササイズ、やりがいのあるゲーム、インタラクティブなトレーニング セッションを組み合わせることで、私たちは幸福感と満足感を得ることができます.

私たちの健康を確保するには、定期的な運動、精神的刺激、社交化が必要です.私たちは、長い散歩、服従訓練、インタラクティブな遊びなど、心と体を動かす活動を大切にしています.身体的な運動と精神的な課題の両方を組み込んだ日課は、私たちが可能な限り最も幸せで健康なボーダーコリーになるのに役立ちます.結論として、親愛なる皆さん、私たちボーダーコリーは賢く、機敏で、エネルギーに溢れています.私たちの独特の言語、牧畜の伝統、そして愛情深い自然が私たちを真に特別な仲間にしています.あなたの指導、忍耐、そしてたくさんの遊びの時間があれば、私たちは地球上で最も幸せなボーダーコリーになります!

さあ、しっぽを振り、終わりのないフェッチゲーム、そして心が高揚する絆に満ちた、一生に一度の冒険に一緒に乗り出しましょう.ボーダーコリーの素晴らしい相棒と一緒に、素晴らしい旅の準備をしましょう!

たくさんの愛と無限のエネルギー、

あなたのボーダーコリー

Boston Terrier

ボストンテリア

ワンワン！やあ、私の素晴らしい人間の友人よ！元気で元気いっぱいのボストン テリアの相棒です.私たちの素晴らしい犬種についての楽しい詳細をすべてご紹介します.前向きに楽しい冒険の準備をしましょう!

私たちの品種の背景から始めましょう.**アメリカン・ジェントルマン**としても知られるボストン・**テリアは、もともと米国で飼育されていました**.タキシードのようなマークと魅力的な性格で、私たちはどこへ行ってもパーティーの主役です.私たちは大きな心を持つ小さなパッケージです!

さて、私たちのユニークな音の言語について話しましょう.私たちはあまりおしゃべりな子犬ではないかもしれませんが、自分の意見を聞いてもらう方法を確実に知っています.興奮から好奇心までを伝える、表現力豊かなサウンドを揃えました.私たちの幸せな鼻息、愛らしい愚痴、そして時折吠える声に耳を傾けてください.これらは私たちがあなたや私たちの周りの世界とコミュニケーションをとる方法なのです.

不安に関しては、私たちボストン テリアは敏感であることで知られています.大きな騒音、日常生活の変化、または長時間一人でいると、私たちは少し不安を感じることがあります.穏やかで快適な環境を作り、精神的、肉体的に十分な刺激を与え、愛情と関心を注ぐことは、私たちの不安を和らげるのに役立ちます.あなたの存在と優しい安心感は私たちにとってとても大切なものです.

ああ、好き嫌いも忘れないようにしましょう.ボストン・**テリアはエネルギーと熱意に満ちています**.私たちは、大好きな人間たちと充実した時間を過ごすのが大好きです.公園で取ってきて遊んだり、エキサイティングな散歩をしたり、ソファで寄り添って抱っこしたりするとき、私たちはあなたが提供する愛と仲間で成長します.

エネルギーを充電するときは、休んでリラックスできる居心地の良い場所がありがたいです.エネルギッシュな精神を維持するには、通常、毎日約 12 ～ 14 時間の居眠り時間が必要です.ですから、私たちが家の隅っこで丸まって、Z を捕まえたり、楽しい冒険を夢見たりしているのを見つけても驚かないでください.

居住環境に関しては、私たちボストン テリアは非常に順応性があります.賑やかな都市部のアパートでも、広々とした郊外の家でも、私たちはさまざまな環境で繁栄することができます.私たちは極端な温度に敏感なので、暑い夏の日には涼しく快適にリラックスできる場所を確保してください.

私たちの健康を確保するには、定期的な運動と精神的な刺激を与えることが重要です.毎日の散歩、遊び、インタラクティブなおもちゃは、私たちの肉体的および精神的な健康を維持します.そして、厄介な耳感染症を防ぐために、愛らしいコウモリの耳をメンテナンスし、清潔に保つことを忘れないでください.

結論として、親愛なる皆さん、私たちボストン テリアは活発で愛情深く、いつも楽しい時間を過ごしています.私たちのユニークな歴史、表現力豊かなサウンド、遊び心のある性質が私たちを本当に特別なものにしています.あなたの愛、配慮、そして私たちのニーズへの配慮があれば、私たちはあなたが望むことのできないほど幸せな小さな仲間になります.

それでは、笑い、尻尾を振り、無条件の愛に満ちた、一生に一度の冒険に一緒に乗り出しましょう.無限の喜びと笑顔をもたらす絆の準備をしましょう!

たくさんの愛と、たっぷりのキスを、

あなたのボストンテリア

Boxer

クサー

ワンワン！やあ、人間の相棒よ！ここにいるのはあなたのボクサーの友達で、あなたの人生に飛び込み、私たちボクサーについて知っておくべきことをすべて共有する準備ができています.尻尾を振る楽しい時間を過ごす準備をしましょう！

まず最初に、私たちの品種について話しましょう.ボクサーは、強くて筋肉質な体と表情豊かな顔で知られています.遊び好きでエネルギッシュな性質を持っているので、アクティブな家族にとって素晴らしい仲間になります.私たちは子犬のような熱意を決して超えられないため、犬界の**ピーターパン**とよく言われます.

では、私たちの独特の音言語について詳しく見ていきましょう.私たちボクサーはかなり声が大きいです！私たちはさまざまな吠え声、うなり声、さらには**ウーウーという**音でコミュニケーションをとります.私たちが一連の短い鳴き声を発するとき、それは通常、「**ねえ、遊ぼうよ！**」という言い方です.そして、これらの愛らしいウーウー音を出すとき、それは私たちの興奮と幸福を表現する方法です.

不安に関しては、一部のボクサーは分離不安になりやすい場合があります.私たちは人間と強い絆を築いているため、長時間一人にされると不安を感じることがあります.十分な運動、精神的な刺激、快適で安全な環境を提供することは、私たちの不安を和らげるのに役立ちます.忘れないでください、私たちは愛と注目によって成長するので、愛情を注いでください！

私たちの好き嫌いについて話しましょう.ボクサーは遊びと活動が大好きなことで知られています.私たちはエネルギーレベルが高く、幸せで健康を保つためには十分な運動が必要です.一緒に取ってきて遊んだり、長い散歩に連れて行ったり、インタラクティブなゲームに参加させたりすることは、私たちのエネルギーを注ぎ、楽しませてくれる素晴らしい方法です.

休むときは、私たちボクサーは丸まってくつろげる居心地の良い場所を好みます.昼寝の時間には柔らかい犬用ベッドや膝を選ぶこともあります.私たちは人間と近くにいるのが大好きなので、リラックスする準備ができたら、たくさん寄り添ったり、暖かく抱きしめたりすることを期待してください.

生活環境に関しては、ボクサーは順応性があり、さまざまな環境で成長することができます.私たちは家族と一緒に屋内で過ごすことを楽しんでいますが、屋外で探検したり遊んだりすることも大好きです.安全な庭へのアクセスやドッグランへの定期的な旅行は、ボクサーの夢を実現する可能性があります.好奇心旺盛で、時にはいたずらをすることもあるので、ぜひ見守ってください.

私たちの健康を確保するために、飼い主は私たちに定期的な運動、精神的刺激、一貫したトレーニングを提供する必要があります.私たちは褒められたりご褒美によく反応するので、ポジティブな強化テクニックが最も効果的です.社会化も重要で、それは私たちがバランスの取れた自信に満ちた犬になるのに役立ちます.

結論として、親愛なる皆さん、私たちボクサーはエネルギッシュで、遊び心があり、愛に満ちています.私たちの犬種の独特の鳴き声、ニーズ、そして愛情深い性質が私たちを本当に特別なものにしています.忘れないでください、私たちはあなたに愛、思いやり、そしてエキサイティングな冒険を期待しています.

それでは、一緒にこの旅に乗り出しましょう、私の人間の友人よ.あなたの忍耐と理解、そしてたくさんのおなかをさすってあげれば、私たちは一生続く絆を築くことができます.しっぽを振ったり、よだれを垂らしたキスをしたり、ボクサーの愛をたっぷりと味わってください!

たくさんの愛と、たっぷりのキスを、

あなたのボクサー

Brittany

ブルターニュ

ワンワン！こんにちは、人間の友人よ！あなたのブルターニュの友人です.私たちの素晴らしい品種について皆さんにお伝えすることに興奮しています.

まず最初に、私たちの品種について話しましょう.ブルターニュは、無限のエネルギー、知性、そしてフレンドリーな性格で知られています.もともと狩猟犬として飼育されていた私たちは、生来のアスリートであり、あらゆるアウトドア活動においてアクティブなパートナーになることが大好きです.ハイキング、ランニング、またはフェッチで遊ぶときでも、私たちは常にあなたのそばでスリル満点の冒険を楽しみにしています.

さて、私たちのユニークな音の言語について話しましょう.ああ、私たちが作る音はとても楽しいです！私たちは、喜びや熱意を伝えるために、さまざまな鳴き声、鳴き声、興奮したイップスなどを持っています.甲高い鳴き声を出すとき、それが私たちのやり方です、**「ねえ、遊ぼうよ！」**そして、私たちが静かな泣き声や穏やかなうなり声を発するとき、それは私たちが愛情を感じているか、あなたの注意を求めていることを意味している可能性があります.

不安に関して言えば、私たちブルターニュは、精神的および肉体的に十分な刺激が得られないと、少し落ち着かなくなることがあります.私たちは心と体に挑戦する活動を好むため、パズルおもちゃ、服従訓練、インタラクティブな遊びセッションに継続的に参加することが、私たちを幸せで満足感を保つ鍵となります.親愛なる皆さん、あなたの愛と仲間は私たちにとって世界を意味します.

ああ、好き嫌いも忘れないようにしましょう.私たちブリタニーは、アウトドアに出かけ、好奇心旺盛な鼻で世界を探索することが大好きです.私たちは狩猟や匂いの追跡に対する本能を持っているため、これらの活動に参加する機会を提供すると充実感を感じることができます.安心感を与えてくれる、抱きしめたり、お腹をさすったりするためのソフトスポットもあります.

そして愛されました.休息の時間になったら、私たちブルターニュは丸まってエネルギーを充電できる居心地の良い場所を大切にしています.柔らかい犬用ベッドや窓際の日当たりの良い場所が適しています.私たちはあなたの群れの大切な一員であることを知っているので、おもちゃを側に置いて居眠りしたり、あなたに寄り添ってすり寄ったりするかもしれません.

生活環境に関して言えば、私たちブルターニュは多才で、さまざまな環境にうまく適応できます.私たちは足を伸ばせる安全な屋外スペースにアクセスできることを楽しみにしていますが、愛する人間の家族と屋内で過ごす時間も大切にしています.毎日の運動と精神的刺激は私たちの健康にとって非常に重要なので、定期的な散歩、遊び、トレーニングセッションは必須です.

私たちの幸福と幸福を確保するために、飼い主は私たちに十分な運動、精神的な課題、そしてポジティブな強化トレーニングを提供する必要があります.私たちは賞賛とご褒美で成長しますので、励ましやご褒美を惜しみなく与えてください.遊び、愛情、そしてエキサイティングな冒険に満ちた、愛と育成の環境は、私たちを地球上で最も幸せなブルターニュにします.

結論として、親愛なる皆さん、私たちブルターニュは精力的で、知的で、愛情深い仲間です.私たちの犬種の歴史、独特の鳴き声、特定のニーズにより、私たちは本当に特別な存在となっています.私たちはあなたの導き、愛、そしてスリリングな冒険を頼りにしています.あなたの配慮、献身、そして少しの冒険で、私たちはあなたがこれまでに持つことのできる最も忠実で楽しい毛皮で覆われた友達になるでしょう!

それでは、この素晴らしい旅に一緒に乗り出しましょう、私の人間の友人よ.私たちは思い出を作り、笑いを分かち合い、一生続く壊れない絆を築きます.しっぽを振る旋風、無限の楽しみ、そして純粋な犬の愛に備えてください!

愛を送り、しっぽを振りながら、

あなたのブルターニュ

Bulldog

ブルドッグ（英語/フランス語）

ワンワン！やあ、人間の相棒よ！これはあなたのブルドッグの友達で、私たちイングリッシュ ブルドッグとフレンチ ブルドッグについての素晴らしい詳細をすべて共有する準備ができています.かわいさと魅力のブルドーザーの準備をしましょう!

まず最初に、私たちの品種について話しましょう.ブルドッグは独特の外見と愛らしい性格で知られています.イングリッシュ ブルドッグには、雄牛をいじめる獰猛な犬が優しい仲間になったという豊かな歴史があります.もう一方の足にあるフレンチ ブルドッグは、イングリッシュ ブルドッグから愛玩犬として品種改良されました.私たちは、しわくちゃの善良さの愛らしい小さな束のようなものです!

さて、私たちのユニークな音の言語について話しましょう.ああ、私たちが出す音よ！私たちは、愛らしいいびきやいびきから、低いうなり声や吠え声まで、かなりの声域を持っています.私たちがふざけて鼻を鳴らしたり、おかしないびきをかいたりするとき、それは私たちが満足していてリラックスしていることを意味します.そして、短く鋭い吠え声を発するとき、それは私たちの方法です、**「さあ、楽しみましょう!」**

不安になると、私たちブルドッグは時々敏感になることがあります.私たちは分離不安を経験したり、慣れない環境や騒がしい環境で不安を感じたりすることがあります.静かで安全な空間、たくさんの寄り添い、一貫した日常生活を提供することは、私たちの不安を和らげるのに役立ちます.あなたの愛に満ちた存在と優しい安心感は、私たちにとってとても大切なものです.

さて、私たちの好き嫌いについて話しましょう.ブルドッグは少し怠け者という評判があるかもしれませんが、それでも私たちは遊んだり散歩したりするのを楽しんでいます.

私たちの独特の体格により、適度な運動が必要であることを忘れないでください.呼吸に負担をかけない短い散歩や楽しい屋内ゲームは、私たちを幸せで健康に保つのに最適な方法です.

何かを聞きたいときは、私たちブルドッグは居眠りの達人です.しわが寄ったバッテリーを充電するには、毎日約 12 ～ 14 時間の睡眠が必要です.ですから、私たちがお気に入りの居心地の良いコーナーでいびきをかいていたり、家の中で一番快適な場所に大の字になっていたりしても驚かないでください.昼寝をまったく新しいレベルに引き上げます.

私たちの生活環境に関しては、ブルドッグは非常に適応力があります.私たちは人間の近くにいる屋内にいるのも楽しいですが、屋外で探索したり匂いを嗅いだりする時間も大切にしています.私たちは泳ぎが得意ではないので、水辺では注意してください.

私たちの健康を確保するために、飼い主は私たちにバランスの取れた食事、定期的な獣医師の診察、そして愛らしいしわを清潔で健康に保つための適切なグルーミングを提供しなければなりません.さらに、おやつや褒め言葉を使ったポジティブな強化トレーニングは、私たちブルドッグにとって驚異的な効果を発揮します.私たちは頑固な性格を持っているかもしれませんが、忍耐と愛を持って礼儀正しく忠実な仲間になるでしょう.

結論として、親愛なる皆さん、私たちブルドッグは愛、魅力、しわくちゃの喜びの塊です.私たちの犬種の歴史、独特の鳴き声、特別なニーズにより、私たちは真に唯一無二の存在となっています.忘れないでください、私たちはあなたの世話、愛情、お腹をたくさんさすってくれることに依存しています.

それでは、人間の友人よ、一緒にこの冒険に乗り出しましょう.あなたの理解と忍耐、そしてたくさんのよだれキスで一生の絆を築きましょう.いつまでも続くかわいらしさとブルドッグの寄り添いの瞬間を楽しみましょう!

たくさんの愛と愛らしい鼻息、

あなたのブルドッグ

Cane Corso

カネコルソ

ワンワン！やあ、人間の友達よ！それはあなたのカネコルソの仲間で、私たちの素晴らしい品種についてすべてを共有したいと思っています.強さ、忠誠心、愛に満ちた冒険への準備はできていますか?さっそく飛び込んでみましょう!

まず最初に、私たちの品種について話しましょう.カネコルソはその雄大な外観と力強い体格で知られています.私たちは自信を醸し出しており、生まれつきの守護者です.もともと使役犬として飼育されてきた私たちは、強い忠誠心と人間の家族との深い絆を持っています.私たちは黄金の心を持った優しい巨人のようなものです.

さて、私たちのユニークな音の言語について話しましょう.ああ、私たちが作る音はとても興味深いですね！私たちの樹皮は深くゴロゴロと鳴っており、侵入者の背筋を震わせるほどです.それが私たちの「**おい、これ持ってるよ**」という言い方です.**私と一緒なら安全ですよ！**私たちはボディランゲージの達人でもあり、表情豊かな目と姿勢を使って感情や意図を伝えます.

不安に関して言えば、私たちカネコルソは時々敏感な魂になることがあります.私たちは穏やかで安定した環境で繁栄します.突然の変化や慣れない状況では、不安を感じることがあります.安全で安心な空間を提供し、一定の生活習慣を維持し、優しい愛情を注ぐことは、私たちが経験するかもしれない不安を和らげるのに役立ちます.親愛なる皆さん、私たちにとってあなたの理解と安心感はとても大きなものです.

ああ、好き嫌いも忘れないようにしましょう.私たちカネコルソは、人間たちと充実した時間を過ごすことが大好きです.長い散歩をしているときも、裏庭で遊んでいるときも、ただあなたの側でリラックスしているときも、私たちはあなたと一緒に過ごせるあらゆる瞬間を大切にします.私たちは保護的な性格を持っており、私たちがあなたを安全に保ち、愛していることを知ることは、私たちに計り知れない喜びをもたらします.

休息の時間には、私たちカネコルソは丸まってくつろげる居心地の良い場所を大切にしています.柔らかいベッドや静かな一角が私たちの隠れ家となり、これから待つ冒険に向けてエネルギーを充電します.少しいびきをかくことがありますが、それは満足感とリラックスの表れにすぎません.

住まいのアレンジメントに関しては、私たちカネコルソは多用途で順応性があります.私たちは、筋肉を伸ばすことができる安全な屋外エリアにアクセスできることを楽しんでいますが、屋内で人間の家族が近くにいることにも感謝しています.私たちは愛、注目、そして導きによって成長します.定期的な運動と精神的な刺激は私たちの健康にとって不可欠であるため、身体的および精神的に挑戦する活動に参加することが重要です.

私たちの幸福と幸福を確保するために、飼い主は私たちに適切な社交化、積極的な強化訓練、そして強力なリーダーシップの役割を提供しなければなりません.私たちは一貫した境界線と明確なコミュニケーションに適切に対応します.患者様の丁寧な指導と、しっかりとした優しい対応で、私たちは多角的で自信に満ちた仲間になっていきます.

結論として、親愛なる皆さん、私たちカネコルソは忠実で、保護的で、愛情深い仲間です.私たちの犬種の歴史、独特の鳴き声、特定のニーズにより、私たちは本当に特別な存在となっています.私たちはあなたの愛、導き、そして目的意識を頼りにしています.あなたの揺るぎないサポートにより、私たちはあなたが望むことのできる最も献身的で恐れを知らぬ毛皮で覆われた友達になります!

それでは、この素晴らしい旅に一緒に乗り出しましょう、私の人間の友人よ.私たちは、大切な思い出が詰まった、切れない絆、そして限界のない愛を築きます.一生続く冒険、忠誠心、そして果てしなく続く尾を振る準備をしましょう!

大きくて温かいカネコルソのハグをあなたに送ります、

あなたのカネコルソ

Cardigan Welsh Corgi

ウェルシュ・コーギー・カーディガン

ワンワン！こんにちは、人間の友人よ！ウェルシュ コーギー カーディガンの仲間です.私たちの素晴らしい犬種についての楽しい詳細をすべて共有する準備ができています.尻尾を振る冒険の準備はできていますか?早速入ってみましょう！

まず最初に、私たちの品種について話しましょう.ウェルシュ・コーギー・カーディガンは体は小さいですが、性格はとても大きいです.愛らしい長い胴体と短い足がとても魅力的な仲間です.もともと牧畜犬として飼育されてきた私たちは、賢く、警戒心があり、常に人を喜ばせることに熱心です.私たちは小さいかもしれませんが、愛と忠誠心に満ちた心を持っています

さて、私たちのユニークな音の言語について話しましょう.ああ、私たちが作る音はとても魅力的です！私たちは、吠え声やイップス、ふざけたうなり声、さらには私たちだけのユニークなウーウー音まで、さまざまな発声を持っています.それぞれの音は、興奮、警戒、または単にあなたの注意を望んでいるなど、私たちの感情を伝えます.

不安に関しては、私たちウェルシュ・コーギー・カーディガンは敏感な性格である可能性があります.大きな騒音、慣れない環境、愛する人との別れなどにより、私たちは少し不安を感じることがあります.しかし、親愛なる皆さん、恐れることはありません.あなたの心強い存在と穏やかな環境は、私たちの心配を和らげるのに驚異的な効果を発揮します.優しい触れ合い、優しい言葉をかけ、安全な場所を作ってあげることで、私たちは安心感と愛されていると感じることができます.

ああ、好き嫌いも忘れないようにしましょう.私たちウェルシュ・コーギー・カーディガンは、遊び心のある性格と無限のエネルギーで知られています.私たちは心と体の両方を刺激する活動に参加するのが大好きです.散歩に出かけたり、取ってきて遊んだり、楽

しいトレーニングセッションに参加したり、私たちはアクティブに活動し、日常生活に参加する喜びを大切にしています.驚かないでください私たちはあなたや動くものを追いかけようとします－それは私たちの性質です!休むときは、丸まって充電できる居心地の良い場所がありがたいです.私たちのお気に入りの昼寝ゾーンは、柔らかいベッド、暖かい毛布、さらには膝です.暖かくぴったりと保つために、小さな尻尾を体の近くに押し込むこともあります.ゆっくり休んだ後は、さらなる冒険にしっぽを振る準備ができています.

生活環境に関して言えば、ウェルシュ・コーギー・カーディガンは屋内と屋外の両方の環境によく適応します.私たちは体が小さいかもしれませんが、体と心を健康に保つためには定期的な運動が必要です.安全な柵で囲まれた庭や、安全な場所で監視されている遊び時間があると、私たちは探索してエネルギーを消費することができます.しかし、私たちは人間の集団の近くにいたいと思う社交的な生き物でもあるため、屋内であなたと過ごす時間も同様に重要であることを忘れないでください.

私たちの幸福と幸福を確保するために、飼い主は私たちに精神的な刺激、ポジティブな強化トレーニング、そしてたくさんの愛情を与えなければなりません.私たちは皆様のご指導をもとに成長しており、一貫した境界線を大切にしています.あなたの忍耐強く親切なアプローチにより、私たちはバランスの取れた仲間となり、あなたに無限の喜びをもたらします.

結論として、親愛なる皆さん、私たちウェルシュ・コーギー・カーディガンは、愛情深く、活発で、忠実な友達です.私たちの犬種の歴史、独特の鳴き声、特定のニーズにより、私たちは本当に特別な存在となっています.私たちはあなたの愛、導き、そして目的意識を頼りにしています.あなたの友情と世話があれば、私たちはあなたがこれまでに持つことができるほど幸せで最も献身的な毛皮で覆われた友達になるでしょう!

それでは、この素晴らしい旅に一緒に乗り出しましょう、私の人間の友人ょ.喜び、笑い、そして忘れられない瞬間に満ちた絆を築きましょう.しっぽを振りながらコーギーの笑顔を一生楽しめる準備をしましょう!

コーギーにキスをしたり、しっぽを振ったりして、

ウェルシュ・コーギーのカーディガン

Cavalier King Charles Spaniel

キャバリア・キング・チャールズ・スパニエル

ワンワン！こんにちは、親愛なる人間の仲間よ！忠実で愛情深いキャバリア キングチャールズ スパニエルが、しっぽを振るこの楽しい犬種の世界への冒険にあなたをお連れする準備ができています.

少し歴史から始めましょう.私たちキャバリアは、英国のチャールズ1世とチャールズ2世の宮廷にまで遡る、威厳のある血統を持っています.私たちは貴族や王族から仲間として大切にされ、そこから人間としての友情と愛情深い性格が生まれます.私たちはあなたから与えられる愛と注目をすべて吸収するので、**愛のスポンジ**とよく言われます.

コミュニケーションに関しては、私たちは独自の言語を持っています.あまり吠えることはありませんが、あなたの心を瞬時に溶かしてしまうような表情豊かな目をしています.私たちの優しく魂に満ちた視線は、興奮や幸福から憧れや好奇心まで、さまざまな感情を伝えることができます.そして、何かが欲しいときは、愛らしい小さな泣き声を忘れないようにしましょう.

私たち敏感なキャバリアにとって、不安は懸念事項となることがあります.私たちは愛によって成長しますが、長期間一人にされると不安を感じることがあります.私たち人間は、私たちにたくさんの仲間を提供し、安全な環境を作り出す必要があります.穏やかな安心感、ポジティブな強化トレーニング、一貫したルーチンの維持は、不安を軽減し、落ち着きと満足感を保つのに役立ちます.

さて、私たちの好き嫌いについて話しましょう.私たちは人間の近くにいることが大好きで、あなたの注目を切望しています.あなたの膝の上に寄り添ったり、ソファであなたの隣に寄り添ったりすることは、私たちにとって純粋な至福です.また、公園をゆっくり散歩したり、新しい香りを探索したり、自然の光景や音を満喫したりすることも楽しんでいます.私たちは運動能力の高い犬種ではないので、過度に運動させないように注意してください.

休むときは、美しい睡眠に感謝します.通常、バッテリーを充電するには毎日約12～14時間の睡眠が必要です.私たちが居心地の良い場所にたたずみ、蝶を追いかけたり、ただあなたの存在の暖かさを楽しんだりすることを夢見ていることがよくあります.私たちの穏やかな眠りは私たちを元気づけ、あなたのそばでさらなる冒険に備える準備をさせてくれます.

私たちの生活様式に関して言えば、私たちはさまざまな環境にうまく適応しています.広々とした家であろうと、居心地の良いアパートであろうと、私たちは順応性があり、人間から受ける愛と関心によって成長します.私たちは屋内でも屋外でも活動を楽しみますが、安全を確保するために屋外では常に監視される必要があります.

私たちは健康で幸せを保つために、栄養価の高い食事と定期的な運動をしなければなりません.私たちは太りやすいので、食事の量をコントロールし、バランスの取れた食事をすることが重要です.絹のような被毛のブラッシングや耳掃除などの定期的なグルーミングは、見た目も気分も最高に保つのに役立ちます.そしてもちろん、たくさんの愛、抱擁、そして優しい遊びの時間が私たちを世界で最も幸せなキャバリアにしてくれるでしょう.

結論として、親愛なる人間の友人、私たちキャバリアは優しく、愛情深く、忠実な仲間です.私たちの威厳ある歴史、表情豊かな目、揺るぎない献身的な姿勢が、私たちを真に特別なものにしています.あなたの愛、配慮、そして理解があれば、私たちはあなたのそばにいて、しっぽを振り、無限の愛と喜びをあなたに注ぎます.

それでは、冒険と心温まる瞬間を共有する旅に出かけましょう.私はそこにいて、尻尾を振って、あらゆる愛情深い視線であなたの心を溶かします.

私の愛と献身を込めて、

あなたのキャバリア・キング・チャールズ・スパニエル

Chihuahua

チワワ

ワンワン！やあ、小さな人間の相棒よ！ここにいるのはあなたのチワワの友達で、私たちチワワに関する素晴らしい詳細をすべて共有する準備ができています.小さな冒険への準備をしましょう!

まずは私たちの品種について話しましょう.チワワは小さいけど力強い！私たちは体は小さいかもしれませんが、大きな個性を持っています.メキシコ出身の私たちは、警戒心と勇敢な性格で知られています.私たちの小さな身長に騙されないでください.私たちは大きな心と、与えられるたくさんの愛を持っています.

さて、私たちのユニークな音の言語について話しましょう.ああ、私たちが出す音よ！吠え声、イップス、さらには遠吠えまでさまざまです.私たちが頻繁にしつこく吠えるとき、それは通常、「**おい、私にかまって！**」と言っているのです.そして甲高い遠吠えをするとき、それは興奮を表現したり、近所の合唱団に参加したりするための方法なのかもしれません.

不安になると、神経質になりやすいチワワもいます.新しい状況で見慣れない人や動物に出会うと、不安になることがあります.静かで安全な環境を私たちに提供することが不可欠です.私たちは快適さと安全を確保するために、このような瞬間には辛抱強く安心させてください.

私たちの好き嫌いについて話しましょう.チワワは注目の的になることが大好きです！私たちはあなたの膝に寄り添い、愛情をたっぷりと浴びるのが大好きです.社交的な私たちは、新しい人や他のフレンドリーな犬との出会いを楽しみます.ただし、私たちは体が小さいため、穏やかな遊びや交流を好むことを忘れないでください.

休むときは、私たちチワワは居心地の良い場所を見つけるのが得意です.私たちは毛布の下に潜ったり、お気に入りの犬用ベッドに寄り添ったりするのが大好きです.私たちがリラックスできる快適で暖かい空間を作り出すことは、私たちに安心感と愛を感じさせる素晴らしい方法です.

生活環境に関しては、チワワは屋内と屋外の両方の環境にうまく適応できます.精神的、肉体的な刺激が十分に得られる限り、私たちはアパート暮らしにぴったりです.しかし、私たちは小さくて繊細なので、屋外では私たちを安全に保ち、監視することが重要です.私たちは、大型の犬や素早く動く物体に簡単に驚かされてしまいます.

私たちの健康を確保するために、飼い主は私たちに定期的な運動、精神的刺激、社交性を提供する必要があります.私たちは小さいかもしれませんが、幸せで健康を保つためには毎日の散歩や遊びの時間が必要です.私たちは褒められたりご褒美によく反応するので、ポジティブ強化トレーニング方法が最も効果的です.

結論として、親愛なる皆さん、私たちチワワは小さな喜びの塊です.私たちの犬種の独特の鳴き声、ニーズ、そして愛情深い性質が私たちを本当に特別なものにしています.私たちは小さいかもしれませんが、あなたに対する私たちの愛は計り知れないということを忘れないでください.

それでは、一緒にこの冒険に乗り出しましょう、私の小さな人間の友達.あなたの愛情、気遣い、そしてお腹をたくさん撫でてあげることで、私たちは一生続く絆を築きましょう.満面の笑顔、生意気な態度、そしてチワワへの愛情たっぷりの準備をしてください!

たくさんの愛と、たっぷりのキスを、

あなたのチワワ

Cocker Spaniel

コッカースパニエル

ワンワン！こんにちは、私の素晴らしい人間の仲間です！あなたの忠実で陽気なコッカースパニエルの相棒がここに来て、私にしっぽを振って、私たちの素晴らしい犬種についての素晴らしいことをすべて共有する準備ができています.コッカースパニエルの世界への楽しい旅の準備をしましょう!

少し背景情報から始めましょう.私たちコッカースパニエルには狩猟犬としての豊かな歴史があり、その優れた嗅覚能力と狩猟鳥を追い出す技術で知られています.しかし、それに騙されないでください.私たちは単なるアウトドア愛好家ではなく、愛情深い家族の仲間でもあります.

さて、私たちのユニークな音の言語について話しましょう.ああ、私たちが出す音よ！私たちは、フレンドリーな吠え声から魅力的な泣き声、さらには時折愛らしい遠吠えまで、かなり幅広い声域を持っています.私たちはこれらの音を使って、興奮や幸福、そして時には注意や遊びの時間の必要性を伝えます.よく聞いていただければ、私たちの楽しいコッカースパニエルの言語がわかるでしょう.

不安になると、私たちコッカースパニエルは時々敏感になることがあります.大きな騒音、慣れない環境、または愛する人たちとの別れは、私たちを少し不安にさせることがあります.穏やかで安全な環境を提供し、心地よい安心感を与え、インタラクティブな遊びやトレーニングに参加させることは、私たちの不安を和らげるのに役立ちます.あなたの愛情深い存在は私たちにとって世界を意味し、不安な瞬間に私たちの最大の慰めになります.

ああ、好き嫌いも忘れないようにしましょう.私たちコッカースパニエルは、アクティブに行動したり、周囲の世界を探検したりすることが大好きです.散歩したり、取ってきて遊んだり、敏捷性トレーニングに参加したりすることはすべて素晴らしい方法です私たちを精神的にも肉体的にも刺激し続けるために.また、私たちはあなたの愛と関心で成長するので、あなたとの質の高い抱擁の時間を大切にしています.

リラックスする時間になったら、快適な昼寝の時間を楽しんでください.私たちは通常、エネルギーを充電するために毎日約12～14時間の安らかな睡眠を必要とします.ですから、私たちがお気に入りの犬用ベッドで丸くなったり、ソファであなたの隣に寄り添ったりして、蝶を追いかけたり尻尾を振ったりすることを夢見て喜んでいるのを見つけても驚かないでください.

生活環境に関しては、私たちコッカースパニエルは屋内と屋外の両方の環境にうまく適応できます.私たちはさまざまな環境で成長できる多才な子犬ですが、愛する人間の近くにいることを本当に大切にしています.探検できる広々とした裏庭でも、居心地の良いコーナーのある快適な家でも、あなたの愛と関心があれば、私たちは幸せで満足します.

私たちの健康を確保するには、定期的な運動、精神的刺激、社交性を提供することが不可欠です.私たちは毎日の散歩や遊びを楽しんで、豊富なエネルギーを消費します.美しい被毛を保つためには、定期的なブラッシングと時々トリマーの所へ行く必要があるため、グルーミングも私たちのケアルーチンの重要な部分です.

結論として、親愛なる皆さん、私たちコッカースパニエルは愛、喜び、そして熱意の塊です.私たちの狩猟の伝統、独特の鳴き声、そして愛情深い性質が私たちを真に特別な仲間にしています.あなたの世話、関心、そしてお腹をたくさんさすってあげれば、私たちは世界で一番幸せなコッカースパニエルになるでしょう!

それで、しっぽを振り、濡れたキスと無条件の愛で満たされた、一生忘れられない冒険に一緒に乗り出しましょう.あなたの心を温め、あなたの人生に無限の喜びをもたらす絆の準備をしましょう!

たくさんの愛としっぽを振って、

あなたのコッカースパニエル

Dachshund

ダックスフント

ワンワン！こんにちは、人間の相棒です！あなたのダックスフントの友人が、私たちドキシーについて知っておくべきことをすべて教えてくれるでしょう.尻尾を振る楽しい時間を過ごす準備をしましょう！

まず最初に、私たちの品種について話しましょう.私たちダックスフントは体が長くて足が短い小型犬です.もともとドイツでアナグマを狩るために飼育されていたため、強くて決意の強い性格を持っています.私たちは小さな体かもしれませんが、強力なハンターの心を持っています.

では、私たちのユニークな音の言語を掘り下げてみましょう.ああ、私たちが出す音よ！私たちは、深く表情豊かな吠え声から愛らしい遠吠えまで、かなりの声域を持っています.私たちが短く鋭い鳴き声を発するのは、何か興味深いものや疑わしいものをあなたに知らせるための方法であることがよくあります.そして、メロディックな遠吠えを放つとき、私たちは喜びを表現したり、毛むくじゃらの友達に呼びかけたりしているのかもしれません.

不安になると、心配しがちなダックスフントもいます.大きな音や突然の環境の変化は、私たちを少し緊張させることがあります.優しい言葉で私たちを落ち着かせ、安全で居心地の良い隠れ家を提供し、心地よい触れ合いを提供することは、私たちの不安を和らげるのに驚くべき効果をもたらします.忘れないでください.私たちはあなたが私たちの安心の支えとなってくれると信じています.

さて、私たちの好き嫌いについて話しましょう.私たちダックスフントは遊び好きで冒険好きな子犬です.リスを追いかけたり、裏庭を掘ったり、私たちは自分の周囲の世界を探索するのが大好きです.また、穴を掘ったり、トンネルを掘ったりするコツもあるので、指定された掘削エリアを作ったり、その下で寄り添う快適な毛布を提供したりすると、大喜びで尻尾を振ります.

短い小さな足を休めるときは、私たちダックスフントは丸くなるのに快適な場所を好みます.家の隅で一番居心地の良い場所を見つけたり、ふかふかの犬用ベッドに寄り添ったりするのが大好きです.私たちのうたた寝タイムに暖かく居心地の良い空間を提供してくれることは、私たちにあなたの愛を示す素敵な方法です.

生活環境に関しては、ダックスフントは順応性があり、さまざまな環境で成長することができます.居心地の良いアパートに住んでいても、裏庭のある広々とした家に住んでいても、我が家のようにくつろいでいただけます.ただし、背中が長いため、潜在的な背中の問題を避けるために、注意して扱う必要があることに注意することが重要です.したがって、穏やかに遊び、脊椎に負担をかけるような活動を避けることが重要です.

私たちの健康を確保するために、飼い主は私たちに定期的な運動、精神的刺激、社交性を提供する必要があります.毎日の散歩、インタラクティブなおもちゃ、パズルゲームは、私たちの好奇心を刺激し続けます.私たちは賞賛やご褒美を喜ばせ、よく反応したいと願うので、ポジティブ強化トレーニング方法は驚くほど効果的です.

結論として、親愛なる皆さん、私たちダックスフントは元気があり、忠実で、個性に満ちています.私たちの品種の独特の鳴き声、ニーズ、決意が私たちを真に特別なものにしています.あなたの愛と世話、そしてたくさんのおなかをさすってあげれば、私たちは一番幸せな小さなソーセージ犬になれるでしょう!

それでは、人間の友人よ、一緒にこの冒険に乗り出しましょう.あなたの指導と限りない愛情で、私たちは何年にもわたって心を温める思い出を作りましょう.しっぽを振ったり、鼻に濡れてキスしたり、ダックスフントの魅力がたっぷり詰まっています.

たくさんの愛と、たっぷりのキスを、

あなたのダックスフント

Doberman Pinscher

ドーベルマンピンシャー

ワンワン！こんにちは、恐れ知らずで献身的な人間の友人です.あなたの忠実なドーベルマンピンシャーの仲間で、私たちの素晴らしい品種の魅力的な世界を明らかにする準備ができています.忠誠心、強さ、そして終わりのない愛に満ちた冒険の準備をしましょう!

まずは品種情報から始めましょう.私たちドーベルマンは、その滑らかで筋肉質な外観で有名です.私たちは、ビロードのような毛並み、印象的な色、鋭い耳で注目を集める人たちです.多用途の作業犬として飼育された私たちは、知性、運動能力、そして揺るぎない忠誠心が独特に融合した性質を持っています.

さて、私たちのコミュニケーションスタイルについて話しましょう.私たちドーベルマンは幅広い声表現を持っています.深く威厳のある鳴き声から、遊び心のあるわー声や優しい遠吠えまで、私たちは声を使って自分の感情を伝えます.私たちが強くて命令的な口調で吠えるときは、潜在的な危険を警告したり、愛する人間を守るために吠えることがよくあります.そして、私たちがうれしそうなイップスや興奮した泣き声を漏らすとき、それは私たちの方法で、**「遊んで楽しみましょう！」と言っています.**

特に精神的および肉体的な刺激が不足している場合、不安が私たちドーベルマンに影響を与えることがあります.私たちは定期的な運動、精神的な挑戦、そして最も重要なことに、あなたの愛情深い存在によって成長します.私たちと充実した時間を過ごし、インタラクティブなゲームに取り組み、体系化されたルーチンを確保することは、私たちが経験するかもしれない不安を軽減するのに役立ちます.私たちはあなたを信頼できるリーダー、保護者として尊敬しています.そのため、あなたの穏やかで心強い存在は私たちの幸福と幸福の鍵です.

自分の好き嫌いを忘れないようにしましょう.私たちドーベルマンには、家族を守り、家族に奉仕したいという生来の意欲があります.私たちは献身的で非常に忠実です、いつでもあなたの側に立つ準備ができています.私たちのお気に入りのアクティビティには、服従訓練に参加したり、アジリティや香りのワークなどのドッグスポーツに参加したり、ソファで寄り添ったりすることさえ含まれます.私たちはあなたとの時間を大切にしています.身体的な運動と精神的な刺激の機会があれば、私たちは喜んで尻尾を振ります.

休むときは、エネルギーを充電するための居心地の良い快適な場所がありがたいです.必要な睡眠時間は人によって異なりますが、通常、毎日約 10 ～ 12 時間の休息が必要です.ですから、あなたは私たちがお気に入りのベッドで丸くなったり、家の静かな隅で満足そうに眠ったりして、刺激的な冒険や無限の抱擁を夢見ているのを見つけるかもしれません.

生活環境に関して言えば、私たちドーベルマンは、適切なケア、訓練、運動を受けていれば、さまざまな環境に適応することができます.足を伸ばして探索できる安全な屋外エリアはありがたいものですが、愛する人間たちと屋内で暮らすことにも満足しています.忘れないでください、私たちはあなたの日常生活の不可欠な部分であることで繁栄しているので、私たちをあなたの活動に参加させ、十分な精神的および肉体的な刺激を受けることを保証することで、私たちの最高のものを引き出すことができます.

私たちの健康を確保するために、飼い主は幼い頃から定期的な運動、精神的な課題、社会化を提供する必要があります.私たちドーベルマンは賢く、人を喜ばせることに熱心なので、服従訓練や高度な活動に最適です.積極的な強化方法、一貫性、明確な境界線は、私たちがバランスの取れた幸せな仲間に成長するのに役立ちます.

結論として、親愛なる皆さん、私たちドーベルマン・**ピンシャーは忠誠心、強さ、揺るぎない愛の象徴です**.私たちの独特のコミュニケーション スタイル、保護本能、運動能力により、私たちは真に特別な仲間になります.あなたの指導、愛情、そしてお腹をたくさんさすってもらって、私たちは地球上で最も幸せなドーベルマンになります!

たくさんの愛と揺るぎない献身、

あなたのドーベルマンピンシャー

English Cocker

イングリッシュコッカー

ワンワン！こんにちは、人間の友人よ！それはあなたのイングリッシュコッカーの友人であり、私たちの素晴らしい品種についての素晴らしい詳細をすべて共有する準備ができています.イングリッシュコッカーの世界に飛び込む準備はできていますか?始めましょう！

まず最初に、私たちの品種について話しましょう.イングリッシュコッカーは、その魅力、知性、そして遊び心のある性格で有名です.私たちは、美しく表情豊かな目と、柔らかく絹のような被毛を持った、魅力的な中型犬です.もともと狩猟の仲間として飼育されてきた私たちは、獲物を嗅ぎ分けて熱心に回収する天性の才能を持っています.

さて、私たちのユニークな音の言語について話しましょう.私たちはとても声が大きくて表現力豊かです！私たちは、感情や欲求を伝えるために、小さな鳴き声から興奮した鳴き声まで、さまざまな楽しい音を使います.尻尾を素早く振ったり、うれしそうな鳴き声を上げたりするときは、興奮と幸せが溢れていることを意味します.そして、私たちがあなたにその魂のこもった子犬の目を差し出すとき、それが私たちの方法で「**愛しています」と言うのです！**

不安になると、私たちイングリッシュコッカーは敏感になることがあります.日常生活の変化、大きな騒音、愛する人との別れなどにより、私たちは少し不安を感じることがあります.しかし、恐れることはありません、親愛なる皆さん、あなたの愛と安心感が私たちの心配を静める鍵となります.あなたの優しい触れ合い、心地よい言葉、そして安心できる環境は、私たちに安心感を与えてくれます.

ああ、好き嫌いも忘れないようにしましょう.私たちイングリッシュコッカーは、探検したり遊ぶのが大好きな、活発でエネルギッシュな犬です.私たちは、心に挑戦し、身体を活発に保つ活動に取り組むことに熱心に取り組んでいます.長い散歩に行くときも、公園で取ってきて遊ぶときも、服従訓練に参加するときも、私たちはいつも楽しいことを楽しみにしています.冒険.さらに、あなたと一緒にお腹をさすったり抱きしめたりすると、私たちは大喜びで尻尾を振ります.

リラックスするときは、丸まってくつろげる居心地の良い場所がありがたいです.柔らかいベッドや快適なソファは、昼寝をしたりエネルギーを充電したりするのに最適な場所です.さらなる暖かさと快適さを求めて、あなたに寄り添うこともあります.リフレッシュして休んだ後は、さらにエキサイティングな冒険に出かけましょう!

生活環境に関しては、私たちイングリッシュコッカーは屋内と屋外の環境によく適応します.私たちは人間の群れと一緒に充実した時間を過ごすことを楽しんでいます.そのため、あなたと一緒に屋内にいることが重要です.しかし、私たちは野外活動も高く評価しており、幸せで健康を保つためには定期的な運動が必要です.安全な裏庭を探索する場合でも、あなたと一緒に冒険に出かける場合でも、屋内と屋外のバランスの取れた体験ができることを嬉しく思います.

私たちの健康と幸福を確保するために、飼い主は私たちに精神的な刺激、定期的な運動、そしてたくさんの愛情を与えなければなりません.私たちは賞賛やご褒美によく反応するため、ポジティブ強化トレーニング方法は驚くほど効果的です.体系化された日課、他の犬との交流、たくさんの遊び時間により、私たちは喜んで尻尾を振ります.

結論として、親愛なる皆さん、私たちイングリッシュコッカーは愛情深く、知的で、遊び心のある仲間です.私たちの犬種のユニークな特徴、表現力豊かな鳴き声、そして特定のニーズにより、私たちは真に特別な存在となっています.あなたの愛、思いやり、そして友情で、私たちはあなたが望むことができるほど幸せで最も献身的な毛皮で覆われた友達になります!

それでは、この楽しい旅に一緒に乗り出しましょう、私の人間の友人よ.しっぽを振る、濡れたキス、そして終わりのない喜びで満たされた、一生続く思い出を作りましょう.イングリッシュコッカーの仲間と一緒に、楽しい冒険に出発する準備をしましょう!

幸せなスパニエルのキスと尻尾を振りながらあなたに送ります.

あなたのイングリッシュコッカー

English Setter

イングリッシュセッター

ワンワン！こんにちは、私の素晴らしい人間の仲間です！ここにいるのは、忠実で遊び心のあるイングリッシュセッターの友人で、私たちの素晴らしい犬種についての素晴らしいことをすべて共有することに興奮しています.イングリッシュ セッターの世界へ尻尾を振る旅の準備をしましょう!

少し背景情報から始めましょう.私たちイングリッシュ セッターは、卓越した嗅覚能力と優雅な動きで知られる、多才な狩猟犬としての興味深い歴史を持っています.エレガントな羽毛のような毛並みと生来の狩猟本能により、私たちは目を見張るものとなり、あなたの側にいると喜びを感じます.

さて、私たちのユニークな音の言語について話しましょう.ああ、私たちが出す音よ！私たちは、フレンドリーな吠え声からメロディアスな遠吠え、さらには表現力豊かな泣き声まで、かなり幅広い声域を持っています.私たちはこれらの音を使って、興奮、好奇心、そして時には冒険や遊びへの欲求を伝えます.よく聞いてみると、私たちの魅力的なイングリッシュ セッター言語が理解できるでしょう.

不安に関して言えば、私たちイングリッシュ セッターは一般的におおらかで順応性があります.しかし、長時間一人で放置されたり、日常生活が突然変化したりするような状況では、少し不安になることがあります.安全で快適な環境を提供し、インタラクティブな活動に参加させ、パズルのおもちゃやトレーニングを通じて精神的な刺激を与えることは、私たちが感じる不安を軽減するのに役立ちます.あなたの愛ある存在と安心感は私たちにとってとても大切なものです.

ああ、好き嫌いも忘れないようにしましょう.私たちイングリッシュ セッターは、アウトドアで自然の驚異を探索するのが大好きです.公園で長い散歩をしたり、景色の良い小道をハイキングしたり、遊んだりするのに最適です.広く開けた空間に生息する私たちは、アウトドアの冒険で繁栄します.また、私たちはあなたとの質の高い絆の時間を大切にし、あなたが私たちに与えてくれる愛情と配慮のあらゆる瞬間を楽しみます.

休むときは、心地よい昼寝の時間を大切にします.エネルギーを充電し、体を若返らせるには、通常、毎日約 12 ～ 14 時間の睡眠が必要です.ですから、私たちが窓際の日当たりの良い場所で居眠りしていたり、お気に入りの犬用ベッドで丸まって、鳥を追いかけたり尻尾を振ったりすることを夢見ていたとしても驚かないでください.

生活環境に関しては、私たちイングリッシュセッターは、十分な運動と精神的な刺激の機会があれば、さまざまな環境にうまく適応できます.足を伸ばせる広々とした裏庭でも、インタラクティブなおもちゃがたくさんある居心地の良い家でも、あなたの愛と思いやりに囲まれていれば、私たちは幸せです.

私たちの健康を確保するには、定期的な運動、精神的刺激、社交性を提供することが重要です.私たちは、心と体に挑戦する活動に取り組むことで成長します.毎日の散歩、安全な場所でのリードなしの遊び、服従訓練のクラスはすべて、私たちを幸せで充実した状態に保つための素晴らしい方法です.

結論として、親愛なる皆さん、私たちイングリッシュ セッターは優しく、忠実で、人生への熱意に満ちています.私たちの狩猟の伝統、独特の鳴き声、そして愛情深い自然が私たちを真に特別な仲間にしています.あなたの気遣い、気配り、そしてたくさんのおなかをさすってあげれば、私たちは世界で一番幸せなイングリッシュセッターになれるでしょう!

それで、しっぽを振る、濡れたキス、そして終わりのない愛で満たされた、一生に一度の思い出に残る冒険に一緒に乗り出しましょう.あなたの心を温め、あなたの人生に無限の喜びをもたらす絆の準備をしましょう!

たくさんの愛としっぽを振って、

あなたのイングリッシュセッター

German Shepherd

ジャーマンシェパード

ワンワン！やあ、人間の相棒よ！それはあなたのジャーマン・シェパードの友達で、私たち GSD について知っておくべきことすべてを教えてくれるでしょう.前向きに素晴らしい冒険をする準備はできていますか?さっそく飛び込んでみましょう！

まず最初に、私たちの品種について話しましょう.私たちジャーマン・シェパードは使役犬としての豊かな伝統を持っています.賢く、忠実で多才になるように育てられた私たちは、犬界のスーパーヒーローのようなものです.警察や軍事活動から捜索救助活動まで、私たちは勇敢で献身的な仲間であることを何度も証明してきました.

さて、私たちのユニークな音の言語について話しましょう.ああ、私たちが作る音はとても魅力的です！私たちはあなたとコミュニケーションをとるための吠え声、泣き声、遠吠えのレパートリーを持っています.私たちが短く鋭い吠え声を出すとき、それは通常、「**おい、注意して！**」という言い方です.**何か重要なことが起こっています!**そして、私たちが低くゴロゴロとしたうなり声を発するとき、それは私たちが保護されていると感じているか、潜在的な危険に対して警戒していることを意味している可能性があります.

不安に関しては、私たちジャーマンシェパードは特定の状況でわずかに不安になることがあります.大きな騒音、慣れない環境、愛する人たちとの別れなどにより、私たちは不安を感じることがあります.優しい言葉で私たちを落ち着かせ、居心地の良い安全な空間を作り、徐々に新しい経験をもたらしてくれることは、私たちの不安を和らげるのに大いに役立ちます.あなたの穏やかで心強い存在は、私たちにとって世界を意味します、親愛なる人間よ！

ああ、好き嫌いも忘れないようにしましょう.私たち GSD は本来、心と体を動かす活動が大好きです.取ってきて遊んだり、長い散歩をしたり、服従訓練に参加したりするとき、私たちは精神的および肉体的な刺激によって成長します.私たちは喜んでもらいたいという熱意で知られています.私たちと一緒に有意義な時間を過ごし、新しい仕事に挑戦してもらうと、私たちは大喜びで尻尾を振ります.

休むときは、他の子犬と同じように、私たち GSD も美しい睡眠を大切にします.バッテリーを充電して最高の自分になるためには、約 12 ～ 14 時間の居眠り時間が必要です.ですから、私たちが家の隅っこで丸まって、エキサイティングな冒険や愛する人たちを守ることを夢見ているのを見つけても驚かないでください.

生活環境に関して言えば、私たちジャーマン・シェパードは屋内と屋外の両方の環境にうまく適応できます.しかし、足を伸ばしてエネルギーを消費できる安全な屋外エリアにアクセスできるとき、私たちは成長します.高いフェンスのある裏庭は、私たちにとって理想的です.それは、私たちが自分の領土を探検し、守ることを可能にするからです.

私たちの幸福と幸福を確保するために、飼い主は私たちに幼い頃から精神的および肉体的な運動、継続的な訓練、社会化を提供する必要があります.私たちは賞賛やご褒美によく反応するため、ポジティブ強化トレーニング方法は驚くほど効果的です.愛情深く体系化された環境、お腹をたくさん撫でてもらい、遊びの時間を与えれば、私たちはこの地域で最も幸せなジャーマン シェパードになれるでしょう.

結論として、親愛なる皆さん、私たちジャーマン・シェパードは忠実で、知的で、保護的な仲間です.私たちの品種の歴史、ユニークな鳴き声、そして特定のニーズにより、私たちは真に特別なものになっています.忘れないでください、私たちはあなたに愛、導き、そして目的意識を求めています.あなたの忍耐、理解、そして献身があれば、私たちはあなたが望むことのできる最も献身的な毛皮で覆われた友達になります!

それでは、この素晴らしい旅に一緒に乗り出しましょう、私の人間の友人よ.私たちは、忘れられない冒険、楽しく尻尾を振る、そして終わりのない愛に満ちた、一生続く絆を築きます.力を合わせれば、どんなことでも克服できるでしょう!

たくさんの愛と保護の声、

あなたのジャーマンシェパード

Golden Retriever

ゴールデンレトリバー

ワンワン！こんにちは、人間の友人よ！あなたのゴールデンレトリバーの友人がここにいます.私たちゴールデンについて知っておくべきことをすべて共有する準備ができています.尻尾を振る楽しい時間を過ごす準備をしましょう！

まず最初に、私たちの品種について詳しく見ていきましょう.ゴールデンレトリバーはフレンドリーで優しい性格で知られています.私たちには、狩猟犬として豊かな歴史があり、元々は狩猟者のために水鳥を捕まえるために品種改良されました.しかし最近では、私たちは遊びの時間中にスリッパやテニスボールを持ってくることにもっと興味を持っています.

さて、私たちのユニークな音の言語について話しましょう.ああ、私たちが作る音はあなたの耳に音楽です！興奮した喜びの吠えから、幸せなイップスや尻尾を振るまで、私たちは常に喜びを表現する方法を持っています.小さな泣き声や泣き声を発することは、不安を感じたり、注意を求めていることを意味している可能性があります.そして、長く満足したため息を吐くとき、それは私たちが言う「**人生は良いものだ、私の人間よ！」という言葉です.**

不安になると、私たちゴールデンは敏感になることがあります.私たちは、初めての状況やなじみのない状況、または雷雨や花火の最中に不安を感じることがあります.安心感を与えたり、頭を優しく撫でてもらったり、居心地の良い休息場所を与えたりすることは、私たちの心配を和らげるのに大いに役立ちます.私たちはあなたの愛と関心によって成長し、それは私たちが安心感と安全を感じるのに役立ちます.

さて、私たちの好き嫌いについて話しましょう.ゴールデンレトリバーは水が大好きなことで有名です.湖や池、さらには子供用プールで水しぶきを上げることは、私たちにとってまさに至福のひとときです.私たちは水かきのある足を持っているので、泳ぎが得意です.水泳仲間を探したり、水中でフェッチングをしたりするつもりなら、私たちを仲間に加えてください.

お昼寝の時間になったら、私たちゴールデンはリラックスして充電する方法を知っています.私たちが最高の状態でいるためには、通常約 10 ～ 12 時間の睡眠が必要です.ですから、私たちが家の中で一番快適な場所で丸まって、楽しい冒険を夢見て、尻尾を振って眠っているのを見つけても驚かないでください.

ゴールデンは順応性があり、さまざまな生活環境でも成長することができます.たくさんの愛、関心、そして運動の機会がある限り、私たちは屋内でも屋外でも幸せになれます.安全に柵で囲まれて、走ったり、取ってきて遊んだりできる庭は、まるで黄金の夢が現実になったような気分です.

私たちの健康と幸せを保つために、飼い主は私たちに定期的な運動、精神的刺激、ポジティブな強化トレーニングを提供する必要があります.私たちは新しいトリックやタスクを学ぶのが大好きなので、楽しいコマンドを教えたり、頭脳に挑戦したりすることで、私たちはずっと頑張れます!そしてもちろん、たくさんお腹をさすったり、耳をひっかいたり、あなたと遊んだりすることで、私たちは地球上で最も幸せなゴールデンレトリバーになれるでしょう.

結論として、親愛なる皆さん、私たちゴールデンレトリバーは愛情深く、忠実で、喜びに満ちています.私たちの犬種の歴史、音の言語、そして独特のニーズが私たちを本当に特別なものにしています.私たちはあなたを家族として尊敬しており、あなたが私たちに愛情を持って育む環境を提供してくれると信じていることを忘れないでください.

それでは、この素晴らしい旅に一緒に乗り出しましょう、私の人間の友人よ.あなたの愛、思いやり、そしておいしいおやつで、私たちは一生続く絆を築きましょう.一生続く尻尾振り、濡れたキス、そして終わりのない黄金の瞬間を楽しみましょう!

たくさんの愛としっぽを振って、

あなたのゴールデンレトリバー

Great Dane

グレートデーン

ワンワン！こんにちは、人間の相棒です！それはあなたのフレンドリーなグレートデーンの仲間であり、私たちの雄大な品種に関するすべての素晴らしい詳細をここで共有します.愛と忠誠の壮大な物語に備えてください!

私たちの品種の背景から始めましょう.グレートデーンは黄金の心を持った巨人です.当社には古代ギリシャとドイツに起源を持つ豊かな歴史があります.狩猟犬として、その後忠実な保護者として飼育された私たちは、堂々とした存在感と、会う人全員を魅力的にする穏やかな性質を持っています.

さて、私たちのユニークな音の言語について話しましょう.私たちはあまり声を出す犬ではないかもしれませんが、さまざまな楽しい音を通してコミュニケーションをとります.低く響くわー音から、遊び心のある鳴き声や穏やかな愚痴まで、私たちは最も愛らしい方法で感情を表現します.それが私たちの表現です、「**私はここにいます、そしてあなたを愛しています！**」

不安に関して言えば、私たちグレートデーン人は心の広い優しい人です.私たちはあなたの愛と関心を切望しており、長時間一人にされると不安を感じることがあります.私たちの不安を和らげるために、あなたがいないときに私たちが隠れられる安全で居心地の良いスペースを作ってください.心地よい香りを残し、インタラクティブなおもちゃを提供し、心地よい音楽を流すことは、私たちの優しい心を落ち着かせるのに役立ちます.

自分の好き嫌いを忘れないようにしましょう.グレートデーンは穏やかでフレンドリーな性格で知られています.私たちは人間の群れに囲まれたり、最も快適なソファに寄り添ったり、床に大の字になってお腹をさすったりするのが大好きです.体が大きいにもかかわらず、私たちは穏やかな巨人であるという評判があり、家族の素晴らしい仲間になります.Z をキャッチする時間になると、私たちグレートデーン人は睡眠を真剣に考えます.大きなバッテリーを充電するには、毎日約 14 ～ 16 時間の美しい睡眠が必要です.私たちが家の隅っこで丸まって居眠りをしながら、ご褒美や冒険を夢見ているのを見かけるかもしれません.キングまたはクイーンにぴったりの柔らかいベッドは、リフレッシュした気分で目覚めて楽しい準備ができているようにするために必要なものです.

生活環境に関して言えば、私たちグレートデーンは順応性があり、さまざまな環境でも成長することができます.長い足を伸ばせる広い庭があるのはありがたいことですが、毎日十分な運動と精神的な刺激が得られれば、アパートや小さな家に住んでいても満足します.定期的な散歩、遊び、インタラクティブなゲームは、私たちを幸せで健康に保ちます.

私たちの健康を確保するために、飼い主は私たちに若い頃から適切な訓練と社会化を提供する必要があります.私たちは堂々としているように見えますが、優しく、人を喜ばせることに熱心です.私たちは賞賛、ご褒美、そして優しい指導によく反応するので、ポジティブな強化トレーニング方法が最も効果的です.忍耐力、一貫性、そしてたくさんのご褒美があれば、私たちは最も礼儀正しいグレートデーンになれるでしょう!

結論として、親愛なる皆さん、私たちグレートデーンは愛と忠誠の象徴です.私たちの堂々とした体格、独特のサウンド、そして穏やかな性質が私たちを本当に特別なものにしています.あなたの愛、配慮、そして私たちのニーズへの理解があれば、私たちはあなたの生涯の伴侶となり、いつでもだらだらとしたキス、しっぽを振る、そして終わりのない抱擁であなたの日々を満たす準備ができています.

それで、グレートデーンの友達と一緒に壮大な冒険に乗り出す準備はできていますか?一緒に世界を探検し、思い出を作り、優しい巨人がそばにいる喜びを体験しましょう.愛と笑いと心温まる瞬間に満ちた特別な旅の準備をしましょう!

たくさんの愛と、たっぷりのキスを、

あなたのグレートデーン

Labrador Retriever

ラブラドール・レトリバー

ワンワン！やあ、人間の相棒よ！それはあなたのラブラドールレトリバーの友達で、私たちの研究室について知っておくべきことすべてを話す準備ができています.楽しく吠えるためにバックルを締めましょう！

まず最初に、私たちの品種について話しましょう.私たちラボには興味深い歴史があります.もともと使役犬として飼育されていた私たちは、レトリバーとしての強い遺伝的背景を持っています.アヒルを捕まえる場合でも、お気に入りのスリッパを捕まえる場合でも、私たちは物を取り出して持ち帰るという自然な本能を持っています.私たちはフェッチ界の毛皮で覆われたスーパーヒーローのようなものです!

では、私たちの独特の音言語について詳しく見ていきましょう.ああ、私たちが出す音は違うんだ！幸せな鳴き声から愛らしい泣き声まで、私たちはかなりの声のレパートリーを持っています.私たちが短く鋭い音で吠えるとき、それは通常、「**おい、注意して！**」と言っています.**何かエキサイティングなことが起こっています!**そして、長く悲しげな遠吠えをするとき、私たちは憧れを表現したり、遠くにいる毛皮で覆われた友達に呼びかけたりするかもしれません.

不安になると、私たちラブラドールは時々イライラすることがあります.雷雨や花火などの大きな音は、私たちを恐怖で震えさせることがあります.優しい言葉で私たちを落ち着かせたり、寄り添うための居心地の良い隠れ家を提供したり、心を落ち着かせる音楽を流すことさえも、私たちの心配を和らげるのに驚くほど効果があるかもしれません.覚えておいてください、私たちはあなたを人間のスーパーヒーローとして尊敬しているので、あなたの心安らぐ存在は私たちにとって世界を意味します.

ああ、好き嫌いも忘れないようにしましょう. Labs は水への愛で知られています.湖や川、さらには裏庭の子供用プールで水しぶきを上げるのは、私たちにとってまさに至福のひとときです.私たちには水かきのある足があります.私たちを優れた水泳選手にしてくれます.私たちが飛び込むとき、尻尾を振って幸せな表情をしているのを見てください!

昼寝の時間になると、私たち研究室は真のプロフェッショナルです.私たちには美しい睡眠が必要であり、それを認めることは恥ずかしくないのです.バッテリーを充電するには約12～14時間の居眠り時間が適切です.ですから、私たちが家の一番居心地の良い隅っこで寄り添い、リスやテニスボールを追いかけることを夢見ているのを見つけても驚かないでください.

生活環境に関しては、研究室は屋内と屋外の両方の環境にうまく適応できます.私たちは、さまざまな環境で成長できる万能な子犬です.しかし、私たちは探索してエネルギーを消費するために、安全な屋外エリアへのアクセスを楽しんでいます.歩き回れるスペースのある広々とした裏庭は、私たちにとって夢の実現です.

私たちの健康を確保するために、飼い主は幼い頃から私たちに精神的な刺激、継続的な訓練、社会化を提供する必要があります.私たちは賞賛やご褒美によく反応するため、ポジティブ強化トレーニング方法は驚くほど効果的です.体系化された日課、定期的な運動、そしてたくさんの愛情があれば、私たちはこの地域で最も幸せな研究室になれるでしょう.

結論として、私たちラボは忠実で愛情深く、活気に満ちています.私たちの品種の歴史、遺伝的背景、そして独特の音声言語により、私たちは本当に特別なものになっています.忘れないでください、私たちはあなたに愛、思いやり、そして理解を求めています.あなたの指導、忍耐、そしてたくさんのおなかをさすってあげれば、私たちは世界で最も幸せな研究所になるでしょう! ラブラドールはそれぞれ個性があり、ニーズも異なる可能性があることを忘れないでください.獣医師やプロのドッグトレーナーに相談して、私たち個人の性格に応じた個別の指導やアドバイスを受けることを常にお勧めします.

さて、親愛なる皆さん、ラブラドールレトリバーの世界を少し垣間見たことであなたが笑顔になってくれれば幸いです.私たちは忠実で愛情深く、終わりのない喜びに満ちています.さあ、しっぽを振り、たっぷりキスをし、無条件の愛で満たされる、一生に一度の冒険に一緒に乗り出しましょう.

たくさんの愛と、たっぷりのキスを、

あなたのラブラドールレトリバー

Leonberger

レオンベルガー

ワンワン！こんにちは、あなたの毛皮で覆われた友人、レオンベルガーです.私たちの雄大な品種についての素晴らしいことをすべて共有するためにここにいます.愛、忠誠心、そしてたくさんの楽しみに満ちた素晴らしい旅の準備をしましょう!まず最初に、私たちの外見について話しましょう.

私たちは大きくて、ふわふわしていて、とてもハンサムです.ライオンのようなたてがみ、表情豊かな目、優しい表情で、どこへ行っても注目を集めることができます.最大の犬種のひとつとして、私たちは強くて丈夫ですが、優しくて優雅です.しかし、私たちを特別にするのは見た目だけではありません.

私たちはフレンドリーで愛情深い性格で知られています.私たちは真の家庭犬であり、常に人を喜ばせることに熱心で、人間の群れに深く献身しています.私たちはお子様連れにとても優しく、忍耐強く、優しいので、小さなお子様にとって理想的なパートナーです.私たちの穏やかで忍耐強い態度は、私たちを優れたセラピー犬にし、助けを必要としている人々に慰めと喜びをもたらします.知能？きっと！

私たちは学習が早く、精神的な刺激で成長します.特におやつや褒め言葉などのポジティブな強化テクニックを使用すると、私たちを訓練するのは簡単です.私たちは常に新しいトリックやタスクを学ぶ意欲があり、服従、追跡、さらには水難救助活動でも優れています.心を集中させ、挑戦し続けることが、私たちの幸福と幸福の鍵です.

さて、水に対する私たちの愛について話しましょう.私たちは生まれながらに水泳が得意で、湖で水しぶきを楽しんだり、プールでひと泳ぎしたりするのが好きです.厚い二重の被毛は冷たい水の中でも体を暖かく保ち、水泳は私たちのお気に入りの娯楽の 1 つとなっています.水の冒険に一緒に参加してくれる毛むくじゃらの友達を探しているなら、私たちはすぐに飛び込む準備ができています!

不安に関しては、私たちレオンベルガーの中には少し敏感になる人もいます.大きな騒音、日常生活の変化、または長時間一人で放置されると、私たちは少し不安を感じることがあります.静かで安全な環境、十分な運動、人間の家族との充実した時間を私たちに提供することは、私たちの不安を軽減するのに役立ちます.幸せにしっぽを振り続けるために、日課を設けたり、家族の行事に参加してもらったりすることに感謝します.

生活環境という点では、私たちは適応力のある犬です.私たちは足を伸ばすのに広い場所を持つことに喜びを感じますが、定期的な運動と人間からの十分な愛情と関心があれば、さまざまな生活環境に適応することができます.私たちを満足させ、幸せに保つのに十分な精神的および肉体的な刺激を与えてください.

結論として、親愛なる皆さん、私たちレオンベルガーは愛情深く、忠実で、優しい強さに満ちています.私たちの雄大な外観、フレンドリーな性質、知性により、私たちはあらゆる規模の家族の素晴らしい仲間になります.あなたの愛、気遣い、そしてたくさんの顎の傷で、私たちは世界で最も幸せなレオンベルガーになります!さあ、しっぽを振り、クマに大きな抱擁をし、そして終わりのない愛で満たされる、一生に一度の冒険に一緒に乗り出しましょう.

たっぷりの毛むくじゃらのハグとたっぷりのキスをあなたに送ります、

あなたのレオンベルガー

Maltese

マルタ語

ワンワン！こんにちは、親愛なる人間の友人よ！あなたの愉快なマルチーズ仲間がここに来て、私たちの素晴らしい品種についてのあらゆる詳細を共有する準備ができています.マルチーズ犬の世界へのポジティブで魅力的な旅の準備をしましょう!

私たちの品種の背景から始めましょう.マルチーズ犬は王室の伝統を持つ古代の犬種です.私たちは何世紀にもわたって貴族や貴族の大切な仲間であり続けてきました.私たちの絹のような白い毛並みとエレガントな外観は、どこに行っても優雅さと優雅さをもたらしてくれる綿毛のボールのようなものです.

さて、私たちのユニークな音の言語について話しましょう.ああ、私たちが出す音よ！私たちは、甘い小さな鳴き声から、遊び心のあるきしむ音、時折うなり声まで、非常に多くの声のレパートリーを持っています.私たちはこれらの音を使って興奮や喜びを表現し、時には何かが必要な場合にそれを知らせます.よく聞いていただければ、私たちの愛らしいマルタ語がわかるでしょう.

不安になると、私たちマルチーズ犬は敏感になることがあります.日常生活の変化、愛する人たちとの別離、または不慣れな状況に遭遇すると、私たちは不安になることがあります.穏やかで愛に満ちた環境、穏やかな安心感、そしてたくさんの抱擁を提供することは、私たちの心配を和らげるのに驚くべき効果をもたらします.あなたの存在と愛情は私たちにとってかけがえのないものであり、不安な瞬間に私たちの最大の慰めとなります.

ああ、好き嫌いも忘れないようにしましょう.私たちマルチーズ犬はスポットライトを浴びることが大好きです.私たちは注目され、甘やかされ、あなたの世界の中心になることが大好きです.あなたの膝の上に寄り添ったり、冒険に同行したり、魅力的なトリックを披露したり、私たちはあなたの愛と賞賛で成長します.

リラックスする時間には、私たちマルチーズ犬は心地よい昼寝の時間を大切にします.エレガントなバッテリーを充電するには、通常、毎日約 12 ～ 14 時間の美しい睡眠が必要です.ですから、私たちが最も柔らかい枕に包まれていたり、暖かい毛布にくるまって丸まって楽しい冒険を夢見ていたとしても驚かないでください.

私たちの生活環境に関して言えば、マルチーズ犬は室内での生活に適しています.私たちは、あなたの愛ある存在と、自分のものと呼べる快適な空間がある限り、アパート、コンドミニアム、または一軒家に完全に満足しています.私たちは屋内の仲間であることを楽しみ、あなたが私たちに提供してくれる居心地の良いコーナーや柔らかいベッドを大切にしています.

私たちの健康を確保するには、定期的な身だしなみとケアを行うことが不可欠です.私たちの美しい白い被毛は、つや消しを防ぐために毎日ブラッシングする必要があり、ヘアカットやメンテナンスのために定期的にトリマーに行く必要があります.また、短い散歩やインタラクティブな遊びなど、心身を刺激する穏やかな運動にも感謝しています.

結論として、親愛なる皆さん、私たちマルチーズ犬は愛、優雅さ、そして魅力の塊です.私たちの豊かな歴史、ユニークなサウンド、そして愛情深い性質が私たちを真に特別な仲間にします.あなたの世話、関心、そしてたくさんの優しい抱擁で、私たちはブロックで最も幸せなマルチーズ犬になるでしょう.

それでは、笑い、抱擁、そして無条件の愛に満ちた、一生に一度の楽しい冒険に一緒に乗り出しましょう.あなたの心に喜びと笑顔をもたらす素晴らしい絆を築く準備をしましょう!

たくさんの愛としっぽを振って、

あなたのマルタ人

Miniature Schnauzer

ミニチュアシュナウザー

やあ、ミニサイズのお友達！ここにいるのはあなたの友達のミニチュア シュナウザーです.興奮して尻尾を振って、私たちの素晴らしい小さな子犬についてすべてを話しています.小さな冒険への準備をしましょう!

まず最初に、私たちの品種について話しましょう.私たちミニチュアシュナウザーは、体は小さいですが、性格は大きいです.特徴的なひげを生やした顔と立派な耳で、私たちを見逃すことはほとんどありません.元々はドイツで飼育されていたラッターや農場の犬で、鋭い嗅覚と厄介な生き物を寄せ付けない能力で知られていました.

さて、私たちのコミュニケーションスタイルについて話しましょう.私たちはかなりのボーカル集団です！吠え声やイップスから、ぼやき声や遠吠えまで、私たちは自分自身を表現するためのさまざまな音を持っています.興奮しているとき、またはあなたの注目を集めたいとき、私たちはうれしそうな吠え声を連発することがあります.そして、私たちが保護されている、または疑っていると感じているとき、深く権威のある吠え声は、何かがおかしいことを知らせる方法です.

特に十分な精神的刺激が与えられなかったり、長期間一人で放置されたりした場合、不安によってシュナウザーの毛皮が乱れることがあります.私たちは家族の一員であることを大切にし、鋭い知性を発揮する活動を楽しんでいます.インタラクティブなパズルおもちゃ、服従訓練、そしてあなたと定期的に遊ぶ時間は、私たちを幸せに満足させるために不可欠です.

好きなこと、嫌いなことについて話しましょう！私たちはフレンドリーで遊び心のある性格で知られており、いつでも楽しいことに参加する準備ができています.私たちは、近所をのんびり散歩したり、ソファでくつろいで Netflix やおやつを食べたりするなど、お気に入りの人と充実した時間を過ごすのが大好きです.ああ、私たちはきしむおもちゃに対して自然な親和性があると言いましたか?彼らは私たちの内なる子犬を引き出し、何時間も私たちを楽しませてくれます.

睡眠に関しては、私たちは非常に柔軟です.毎日約 12 ～ 14 時間の睡眠が必要ですが、お客様のスケジュールに合わせて調整いたします.居心地の良いベッドで丸くなったり、あなたのそばでうたた寝したり、エネルギーを充電し、リスを追いかけたり、取ってきて遊んだりする夢をみるのに最適な場所を見つけます.

生活環境に関しては、アパート暮らしや庭のある家にも適応できる多才な犬です.ただし、最高の状態を維持するには定期的な運動が不可欠です.毎日の散歩、インタラクティブな遊び、服従訓練や敏捷性コースなどの精神的な課題は、私たちの心と体をアクティブに保つ素晴らしい方法です.

私たちをベストな状態に保つためには、バランスの取れた食事、スタイリッシュな被毛を維持するための定期的なグルーミング、幼い頃からの社会化を提供することが重要です.私たちは賞賛とご褒美で成長するので、ポジティブ強化トレーニング方法は素晴らしい効果を発揮します.あなたの辛抱強い指導、愛情、そして愛情があれば、私たちはブロックで最も幸せなミニチュアシュナウザーになります!

結論として、親愛なる人間の仲間である私たちミニチュア・シュナウザーは小さいですが力強いです.私たちの元気な性格、独特のルックス、そして人生への愛は、私たちをどんな家族にとっても魅力的なものにします.あなたの愛、関心、そしてお腹を少し撫でてあげれば、私たちは忠実な仲間となり、毛皮で覆われた喜びの束になるでしょう.

さあ、一緒に足を運ぶ旅に出かけましょう！私はここにいて、尻尾を振って、あなたのそばで世界を探検する準備ができています.無限の抱擁を共有し、今後何年も私たちの心を温める思い出を作ります

わーわーとわーわー、

あなたのミニチュアシュナウザー

Norwegian Elkhound

ノルウェーエルクハウンド

ワンワン！あなたの毛皮で覆われた友人、ノルウェーエルクハウンドが、私たちの素晴らしい犬種の素晴らしい点をすべて共有するためにここにいます.忠誠心、知性、そして冒険に満ちた、吠えるような楽しい時間を過ごす準備をしましょう！

まず最初に、私たちの伝統について話しましょう.古代北欧の狩猟犬として誇り高い歴史を持っています.私たちはもともとヘラジカやクマなどの大物を狩るために品種改良されており、鋭い嗅覚と決断力により優れた追跡者となります.

私たちは持久力、機敏性、険しい地形を移動する能力で知られています.私たちの祖先はノルウェーの森を歩き回っていました.そして今日、私たちはその恐れを知らない精神を日常生活に取り入れています.仲間として、私たちは信じられないほど忠実で、人間の群れを守ります.私たちは家族と深い絆を築き、いつでもあなたの側に立つ準備ができています.私たちの強くて力強い鳴き声は、潜在的な危険を警告する優れた番犬になります.私たちがそばにいると、いつでも安全で安心できますので、ご安心ください.

インテリジェンスは私たちの強みの 1 つです.私たちは学びが早く、精神的な挑戦が大好きです.特に積極的な強化方法を使用すると、私たちを訓練するのは簡単です.私たちは賞賛、おやつ、そして魅力的な活動で成長します.一貫したトレーニングと十分な精神的刺激により、私たちは問題解決スキルと従順さであなたを驚かせます.

さて、美しいダブルコートについてお話しましょう.私たちの厚い毛皮は、最も過酷な気候でも私たちを暖かく保ちます.最高の状態を維持し、艶消しを防ぐには、定期的なグルーミングが必要です.一年中適度に抜け毛が生えますが、季節によって抜け毛が起こり、被毛を最高の状態に保つためにもう少しブラッシングが必要になります.私たちの素晴らしい外観のために支払うのは小さな代償です.不安に関しては、私たちノルウェージャン エルクハウンドの中には少し敏感になる人もいます.長時間一人で放置されたり、大きな騒音を感じたりすると、少し不安になることがあります.穏やかで安全な環境、十分な運動と精神的な刺激を提供してくれると、不安が軽減されます.幸せにしっぽを振り続けるために、日課を設けたり、家族の行事に参加してもらったりすることに感謝します.

生活環境という点では、私たちは万能な犬です.私たちは安全な屋外エリアを探索するのを楽しみますが、十分な運動と精神的な刺激があれば、さまざまな生活環境にもうまく適応できます.私たちは活動的な品種であり、定期的な身体活動と精神的な課題を提供できる家庭で繁栄します.

結論として、親愛なる皆さん、私たちノルウェージャン エルクハウンドは忠実で、知的で、冒険心があります.狩猟犬としての豊かな歴史と愛情深い性質により、私たちのユニークな特徴を理解する人々にとって、私たちは素晴らしい仲間になります.あなたの愛、思いやり、そしてたくさんのアウトドアの冒険で、私たちは世界で最も幸せなノルウェージャン エルクハウンドになるでしょう!さあ、しっぽを振り、無限のエネルギーと無条件の愛で満たされる、一生に一度のエキサイティングな冒険に一緒に乗り出しましょう.

たくさんの毛むくじゃらの抱擁と熱狂的な尻尾の振りをあなたに送ります、

あなたのノルウェージャン エルクハウンド

Poodle

プードル（スタンダード/ミニ/トイ）

ワンワン！やあ、人間の相棒よ！それはあなたのプードルの友達です.あなたの心に飛び込んで、私たちプードルについて知っておくべきことをすべて共有する準備ができています.楽しい冒険の準備をしましょう！

まず最初に、私たちの品種について話しましょう.プードルには、スタンダード、ミニチュア、トイの3つのサイズがあります.豪華なカーリーコートやコード付きコートと、エレガントで洗練された外観で知られています.私たちの派手な見た目に騙されないでください.私たちは遊び心があり、賢い子犬です.

では、私たちの独特の音言語について詳しく見ていきましょう.私たちプードルはとても表情豊かです！私たちは、静かな泣き声や吠え声から、興奮したイップスやふざけたうなり声まで、幅広い音でコミュニケーションをとります.私たちがふざけて吠えるとき、それは多くの場合、**「楽しみましょう!」ということです.**そして、私たちが低くゴロゴロとしたうなり声を発するとき、それは私たちが少し不安や不確かさを感じていることを伝える方法である可能性があります.

不安に関しては、分離不安になりやすいプードルもいます.私たちは人間との交わりを大切にする非常に社交的な犬です.そのため、私たち人間は、あなたが離れているときに、精神的、肉体的に十分な刺激と、安全で快適な環境を提供する必要があります.インタラクティブなおもちゃ、パズル ゲーム、日課の確立は、私たちが経験する不安を軽減するのに役立ちます.

私たちの好き嫌いについて話しましょう.プードルは知性と学習好きで知られています.私たちは知的障害を持ち、服従訓練、敏捷性、犬のスポーツに参加することを楽しんでいます.定期的な運動は私たちを幸せで健康に保つために重要ですが、精神的なことも忘れないでください.運動もしましょう.新しいトリックを教えたり、インタラクティブなゲームをしたりして、頭を鋭く保ちましょう.

休むときは、私たちプードルは毎日約 10 ～ 12 時間の睡眠が必要です.ふかふかの犬用ベッドでも、柔らかいソファの隅でも、丸くなる居心地の良い場所があるとありがたいです.私たちは人間に寄り添い、甘い夢を見ることが何よりも大好きです.

生活環境に関しては、プードルは順応性があり、屋内と屋外の両方の環境で成長することができます.私たちは暖かく愛情に満ちた家庭環境を大切にしていますが、定期的な外出や他の犬との交流も楽しんでいます.私たちは、私たちが切望する愛と注目を受け取る限り、さまざまな生活状況に適応できる多才な子犬です.

私たちのカーリーコートはもつれをなくし健康に保つためにメンテナンスが必要なため、飼い主は私たちの健康を確保するために定期的なグルーミングを提供する必要があります.報酬ベースの学習に焦点を当てたポジティブな強化トレーニング方法とともに、定期的な運動と精神的刺激が鍵となります.私たちは褒められたり、おやつをもらったりすると喜んで応えようとします.

結論として、親愛なる皆さん、私たちプードルは遊び心があり、賢く、そして魅力的です.私たちの犬種のユニークな体格、鳴き声、ニーズが私たちを本当に特別なものにしています.忘れないでください、私たちはあなたに愛、思いやり、そしてエキサイティングな冒険を期待しています.

それでは、一緒にこの旅に乗り出しましょう、私の人間の友人よ.あなたの忍耐と理解、そしてたくさんのおなかをさすってあげれば、私たちは一生続く絆を築くことができます.しっぽを振ったり、ふわふわ抱っこしたり、プードルへの愛情をたっぷりと感じてください!

たくさんの愛としっぽを振って、

あなたのプードル

Portuguese Water

ポーチュギーズ・ウォーター・ドッグ

ワンワン！あなたの毛皮で覆われた友人、ポーチュギーズ ウォーター ドッグが、私たちの素晴らしい犬種について説明するためにここにいます.興奮のスプラッシュと愛の津波に備えてください!

ポルトガルに根ざした豊かな歴史を持つユニークな犬種で、水への愛情と愛らしい巻き毛で知られています.水の犬として、私たちは泳ぐために生まれてきました.

水かきのある足と、冷たい水の中でも暖かさを保つ防水性のダブルコートを備えています.私たちは泳ぎが得意で、自然の命の恩人でもあるため、何世紀にもわたって漁師たちから信頼される仲間となってきました.プールからおもちゃを取ってきたり、ビーチの冒険に参加したり、楽しく水に飛び込み、見事な水泳スキルを披露します.しかし、私たちが特別なのは水生生物の才能だけではありません.

また、私たちは信じられないほど賢く、学習が早いのです.特に積極的な強化方法を使用すると、私たちを訓練するのは簡単です.私たちは人間の群れを喜ばせるのが大好きで、おいしいおやつを食べたり、お腹をさすったりするためなら何でもします.私たちの知性と喜んでもらいたいという熱意は、私たちをさまざまなドッグスポーツやアクティビティに最適な候補者にします.私たちのコートは注目に値します.

ウェーブとカーリーの2種類があります.当社の抜け毛防止コートは低刺激性なので、アレルギーのある方に最適です.ただし、当社の素晴らしい毛皮は艶消しを防ぎ、最高の外観を保つために定期的な手入れが必要です.少しブラッシングして、ところどころトリミングすれば、出来上がりです.荷物をスタイリッシュに着こなしてみましょう.

不安に関して言えば、私たちは通常、自信に満ちていて社交的な性格です.しかし、私たちの中には敏感な魂があり、不安を感じる人もいます.

特定の状況.穏やかで安全な環境を作り、精神的、肉体的に十分な刺激を与え、規則正しい生活を送れば、幸せにしっぽを振り続けることができます.私たちは家族の一員であることに生きがいを感じ、人間の群れと関わる活動を楽しんでいます.

暮らしのアレンジメントに関しては、私たちは多用途に対応します.足を伸ばせる安全な屋外エリアにアクセスできることはありがたいことですが、十分な運動と精神的な刺激を受けていれば、私たちはさまざまな生活状況に適応できます.退屈しているポーチュギーズ ウォーター ドッグはいたずら好きなポーチュギーズ ウォーター ドッグであることを覚えておいてください.だから、楽しいアクティビティで忙しくしていてください.

結論として、親愛なる皆さん、私たちポーチュギーズ ウォーター ドッグは忠実で賢く、水に満ちた冒険に満ちています.水泳、巻き毛、遊び心のある性格に対する自然な親和性により、私たちは他に類を見ない犬種となっています.あなたの愛情、関心、そして水でいっぱいの楽しみがあれば、私たちは世界で最も幸せなポーチュギーズ ウォーター ドッグになります!それでは、しっぽを振り、濡れたキスと無条件の愛で満たされた、楽しい冒険の一生に一緒に飛び込みましょう.

愛のしぶきと大きな尻尾を振りながらあなたに送ります、

あなたのポーチュギーズ・ウォーター・ドッグ

Pug

パグ

ワンワン！こんにちは、私の素晴らしい人間の友人です！あなたの愛らしいパグの仲間がここに来て、私たちの素晴らしい犬種についての素晴らしい詳細をすべて共有する準備ができています.パグの世界へのポジティブで魅力的な旅の準備をしましょう!

私たちの品種の背景から始めましょう.パグは古代中国にまで遡る豊かな歴史を持つ特別な犬種です.私たちは中国皇帝の大切な仲間であり、その忠誠心と楽しい性格が高く評価されていました.特徴的なシワシワの顔と巻き毛の尻尾を持つ私たちは、どこへ行っても幸せをもたらす小さな愛らしさの塊のようなものです.

さて、私たちのユニークな音の言語について話しましょう.ああ、私たちが出す音よ！私たちは、愛らしい鼻を鳴らしたり鼻を鳴らしたり、ふざけた鳴き声や時折の遠吠えまで、かなり幅広い声域を持っています.私たちはこれらの音を使って興奮や幸福を表現し、時にはあなたの注意を引くことさえあります.よく聞いていただければ、私たちの愛らしいパグ語が理解できるでしょう.

不安になると、私たちパグは敏感になることがあります.日常生活が変わったり、長時間一人でいると、さらには大きな騒音が発生すると、少し不安になることがあります.穏やかで安全な環境、たっぷりの愛情と配慮を提供し、一貫した日常生活を守ることは、私たちが安全で安心できるように助けてくれます.あなたの存在と愛情は私たちにとってかけがえのないものであり、不安な瞬間に私たちの最大の慰めとなります.

ああ、好き嫌いも忘れないようにしましょう.パグは、仲間と寄り添うことが大好きなことで知られています.私たちは、あなたのそばにいたり、膝の上で寄り添ったり、ソファで心地よい夜を過ごしたりすることに喜びを感じます.私たちは小さいかもしれませんが、私たちの心は愛と忠誠心で溢れています.

休むときは、私たちパグは美しい睡眠を真剣に考えます.愛らしいバッテリーを充電するには、通常、毎日約 12 ～ 14 時間の居眠り時間が必要です.ですから、私たちが家の中で一番居心地の良い場所で丸まって居眠りをしながら、おやつやお腹をさすってもらう夢を見ているのを見つけても驚かないでください.

私たちの生活環境に関して言えば、パグは多用途であり、屋内と屋外の両方の環境によく適応します.私たちは、仲間と快適なくつろぎのスペースがあれば、アパートやマンション、広い家に住んでも幸せに暮らすことができます.極端な気温は私たちにとって困難な場合があることを忘れないでください.そのため、暑い夏には涼しく居心地の良い場所を、寒い冬には暖かい毛布を提供してください.

私たちの健康を確保するには、定期的な運動とバランスの取れた食事を与えることが重要です.激しい身体活動は必要ないかもしれませんが、毎日の散歩、インタラクティブな遊び、精神的な刺激は私たちを幸せで健康に保つために不可欠です.そしてもちろん、おいしいおやつをたくさんあげたり、時々おなかをさすったりすることも忘れないでください.私たちはそれが大好きです.

結論として、親愛なる皆さん、私たちパグは愛、喜び、愛らしい鼻息の塊です.私たちの魅力的な歴史、ユニークなサウンド、そして愛情深い性質が私たちを真に特別な仲間にします.あなたの世話、関心、そしてお腹をたくさんさすってあげれば、私たちは一番幸せな小さなパグになるでしょう.

それでは、笑い、寄り添い、そして終わりのない愛に満ちた、一生忘れられない瞬間を一緒に過ごしましょう.あなたの顔に笑顔をもたらし、心に暖かさをもたらす素晴らしい絆を築く準備をしましょう.

たくさんの愛と鼻息、

あなたのパグ

Rottweiler

ロットワイラー

ワンワン！こんにちは、人間の友人よ！それはあなたの忠実なロットワイラーの仲間であり、私たちの注目すべき品種に関するすべての素晴らしい事実を共有する準備ができています.忠誠心、強さ、そして終わりのない愛に満ちた冒険の準備をしましょう!

私たちの品種の背景から始めましょう.ロットワイラーは多用途な使役犬として豊かな歴史を持っています.もともとドイツで飼育されていた私たちは、家畜を飼い、人間の家族を守るという使命を担っていました.私たちの強い体格と生まれつきの防衛本能により、私たちは優れた保護者および忠実な仲間になります.

さて、私たちのユニークな音の言語について話しましょう.私たちはあまり声を出す犬ではありませんが、さまざまな深い吠え声やうなり声を通じてコミュニケーションをとります.私たちが強く深い声で吠えるとき、それは私たちの存在を主張し、潜在的な脅威を認識していることを知らせる方法です.それが私たちの言い方です、「**私はあなたの背中を支えます、人間よ！**」

不安に関しては、私たちロットワイラーは敏感な魂です.大きな騒音、慣れない環境、愛する人との別れなどにより、私たちは不安を感じることがあります.安全で安心なスペースを提供し、積極的な強化テクニックを使用し、私たちにたくさんの愛と安心感を与えることは、私たちの不安を軽減し、安全で守られていると感じるのに役立ちます.

自分の好き嫌いを忘れないようにしましょう.ロットワイラーは人間の群れに対する揺るぎない忠誠心と愛情で知られています.私たちは、皆様の日常活動の一部となることを大切にし、家族の外出や冒険に参加することを楽しんでいます.私たちはあなたの近くにいて、お腹をさすってもらったり、優しく押したり、よだれを垂らしたキスで献身的な気持ちを示したりするのが大好きです.

休息してエネルギーを充電するときは、私たちロットワイラーは丸まってくつろげる居心地の良い場所を好みます.心と体の調子を維持するには、通常、毎日約 10 ～ 12 時間の質の高い睡眠が必要です.快適なベッドや、隠れてリラックスできる指定された場所を提供すると、私たちは元気を取り戻し、新しい冒険に備えることができます.

生活環境に関しては、私たちロットワイラーはさまざまな環境にうまく適応できます.広々とした庭であろうとアパートであろうと、最も重要なことは、愛情深く活動的な人間の仲間を持つことです.私たちは定期的な運動と精神的刺激を必要とします.そのため、毎日の散歩、遊び、魅力的な活動は私たちを幸せにし、バランスを保ってくれます.

私たちの健康を確保するために、飼い主は私たちに幼い頃から適切な訓練と社会化を提供する必要があります.私たちは一貫した積極的な強化テクニックによく反応し、明確な境界線と期待が与えられたときに成長します.愛情深くしっかりとした手で、私たちは行儀が良く、喜んでもらいたいと願う自信に満ちた仲間に成長していきます.

結論として、親愛なる皆さん、私たちロットワイラーは勇気があり、忠実で、愛に満ちています.私たちの豊かな歴史、ユニークなサウンド、保護的な性質が私たちを真に特別なものにしています.あなたの愛、導き、そして私たちのニーズへの理解があれば、私たちはあなたがこれまで期待してきた中で最も献身的で忠実な仲間になるでしょう.

それで、ロットワイラーの相棒と一緒に忠誠と冒険の旅に乗り出す準備はできていますか?一緒に世界を探検し、果敢に課題に立ち向かい、一生残る思い出を作りましょう.しっぽを振るたびに、そして喜びを分かち合うたびに、絆がさらに強くなる準備をしましょう!

たくさんの愛と、たっぷりのキスを、

あなたのロットワイラー

Shiba Inu

柴犬

ワンワン！こんにちは、私の好奇心旺盛で独立した人間の仲間です！あなたの忠実な柴犬の友達です.この元気いっぱいの犬種の魅惑的な世界を共有します.魅力、決意、そしてちょっとしたいたずら心に満ちた楽しい探検の準備をしましょう！

まずは品種情報から始めましょう.私たち柴犬は日本原産であり、豊かな伝統を持っています.キツネのような外見、魅惑的な目、そして誇り高い態度は、どこに行っても私たちを振り向かせます.狩猟犬として育てられた私たちは、生来の独立心と、他とは一線を画す強い精神を持っています.

コミュニケーションに関しては、私たちは自分自身を表現する独自の方法を持っています.私たちは犬の中で最も大声で話すわけではありませんが、話すときはたいてい柔らかく優しい**ブーフのような声**や甲高い**ヨーデルのような声で話し**、非常に面白いものになります.私たちの表情豊かな目とボディランゲージは、私たちの気分や欲求を理解する鍵となります.ふざけて跳ねたり尻尾を振ったりするのは興奮を示し、頭を微妙に回すのは好奇心やちょっとした頑固さを示している可能性があります.

私たち柴犬は、特に慣れない状況や日常の変化に直面したときに、時々不安を感じることがあります.穏やかで予測可能な環境と積極的な強化トレーニングを提供することで、私たちは安心感を得ることができます.忍耐と理解は、私たちが自信を持って世界を生きていく上で大いに役立ちます.覚えておいてください、私たちは自立しているかもしれませんが、それでもあなたの愛と安心感を必要としています.

自分の好き嫌いを掘り下げてみましょう.私たち柴犬は冒険心と好奇心が旺盛です.新しい香りや環境を探索するのは、お気に入りの娯楽です.長い散歩、インタラクティブな遊び、パズルを楽しみます私たちの鋭い心に挑戦するおもちゃ.私たちのいたずら好きな性格により、お気に入りのおもちゃを隠したり、取って来いのゲーム中にふざけてからかったりすることがあります.私たちのユーモアのセンスを受け入れてください.そうすれば、私たちの忠誠心と伝染する幸福が報われるでしょう.

休むときは、くつろげる居心地の良い場所があるとありがたいです.必要な睡眠時間は人によって異なりますが、通常は毎日約12～14時間の睡眠が必要です.私たちが快適な隅で丸くなったり、太陽の下でくつろいだりして、次の冒険に向けてエネルギーを充電しているのをよく見かけます.

生活環境に関して言えば、私たち柴犬は屋内と屋外の両方の環境にうまく適応できます.しかし、私たちは好奇心旺盛な性質を探索し満足させることができる、安全に柵で囲まれた庭を好みます.社会化は私たちにとって鍵であり、他の犬や人間と自信を持ち、前向きな交流を築くのに役立ちます.早期の社会化と一貫したトレーニングは、私たちがバランスの取れた社交的な仲間になるのに役立ちます.

私たちの健康を確保するために、飼い主は私たちに精神的な刺激と魅力的な活動を提供する必要があります.私たちの賢い心に挑戦するパズルのおもちゃ、インタラクティブなゲーム、服従訓練は、私たちを幸せにして満足させてくれます.私たちは褒められたりご褒美によく反応するので、ポジティブな強化方法が最も効果的です.私たちは繰り返しの作業が好きではないので、トレーニング セッションは楽しくて変化に富んだものにしてください.

結論として、親愛なる皆さん、私たち柴犬は元気で、独立していて、そしてとても魅力的です.私たちのユニークなコミュニケーション スタイル、冒険への愛、忠誠心により、私たちは真に特別な仲間になります.あなたの忍耐と理解、そしてちょっとした遊び心で、私たちは一生続く壊れない絆を築くことができます.

さあ、喜びと笑い、そして忘れられない瞬間に満ちたエキサイティングな旅に一緒に乗り出しましょう.尻尾を振って、柴犬の魅力を分かち合いながら、あらゆる冒険に同行する準備ができています.

愛と遊び心をもって、

あなたの柴犬

Shih Tzu

シーズー

ワンワン！こんにちは、私の素晴らしい人間の仲間です！あなたのふわふわで素晴らしいシーズーの友達が、私たちの楽しい犬種に関するしっぽの振り方の詳細をすべて共有するためにここにいます.魅力、仲間、そしてたくさんの愛に満ちた旅の準備をしましょう！

私たちの品種の背景から始めましょう.シーズーはもともと中国で王族の伴侶として飼育され、それ以来人間に喜びと幸福をもたらしてきました.美しいロングコート、表情豊かな目、優しい性格で、すぐにあなたの心を盗むこと間違いなしです.

さて、私たちのユニークな音の言語について話しましょう.私たちはあまり声を出す子ではないかもしれませんが、特別なコミュニケーション方法を持っています.私たちはさまざまな愛らしい音を使って感情を表現します.柔らかく優しい鳴き声から、かわいい小さなうなり声や鼻息まで、私たちは独自の言語を持っています.私たちが興奮しているのか、満足しているのか、それともあなたの注意や愛情を求めているのかを伝えることができるので、音のトーンとピッチに注意してください.

不安になると、私たちシーズーは敏感な小さな魂になることがあります.日常生活の変化、大きな騒音、愛する人たちとの別れなどにより、私たちは少し不安になることがあります.穏やかで育む環境を提供し、日常生活を一定に保ち、愛と安心感を与えてくれるのは、不安を寄せ付けないのに大いに役立ちます.あなたの心地よい存在と優しい言葉は、私たちに安心感を与える驚くべき効果をもたらします.

ああ、好き嫌いも忘れないようにしましょう.私たちシーズーは人間と一緒に充実した時間を過ごすのが大好きです.私たちは仲間との交流を大切にし、注目の的になることを好みます.ソファに寄り添ったり、のんびり散歩したり、ただ単にあなたの近くにいても毎日、あなたのそばにいて、あなたの愛と愛情に浸っているとき、私たちは最も幸せです.

小さな足を休めるとき、私たちは丸まってくつろげる居心地の良い場所を大切にします.豪華な毛並みを最高の状態に保ち、無限のエネルギーを維持するには、通常、毎日約12 ～ 14 時間の美しい睡眠が必要です.柔らかくてふかふかのベッドや暖かい膝の上で昼寝をしてくれると、私たちは生まれながらに贅沢な王族のような気分になれます.

生活環境に関しては、私たちシーズーは非常に適応力があります.居心地の良いアパートでも、広々とした家でも、私たちはさまざまな環境で繁栄できます.ただし、当社は過酷な屋外アクティビティや極端な気象条件に耐えられるように作られていないことに注意してください.短い散歩と穏やかな遊びからなる適度な運動習慣は、私たちを幸せで健康に保ちます.

私たちの健康を確保するために、飼い主は私たちに定期的なグルーミングを提供する必要があります.長くてシルキーな被毛は、もつれやマットを防ぐために毎日のブラッシングが必要です.数週間ごとにトリマーさんに行くと、見た目を美しく保ち、快適に過ごすことができます.愛らしい小さな耳をチェックし、厄介な感染症を防ぐために清潔に保つことを忘れないでください.

結論として、親愛なる皆さん、私たちシーズーは楽しく、愛情深く、個性に満ちています.私たちの堂々とした歴史、ユニークなサウンド、そして愛情深い性質が私たちを真に特別なものにしています.あなたの愛、配慮、そして私たちのニーズへの配慮により、私たちはあなたが望むことのできる最も献身的で愛らしい仲間になります.

それで、シーズーの相棒と一緒に、一生抱擁し、笑い、そして純粋な喜びを過ごす準備はできていますか?しっぽを振ったり、鼻を濡らしたりして、数え切れないほどの幸せな思い出を一緒に作りましょう.心を温め、無限の笑顔をもたらす絆を築く準備をしましょう.

たくさんの愛と、たっぷりのキスを、

あなたのシーズー

Siberian Husky

シベリアンハスキー

ワンワン！こんにちは、人間の友人よ！それはあなたのシベリアン ハスキーの相棒で、あなたをハスキーの世界へのエキサイティングな旅へと連れて行きます.楽しい時間を過ごす準備をしましょう！

私たちの品種の背景から始めましょう.シベリアン・**ハスキーはもともとシベリアのチュクチ族によってそり遊びや輸送目的で飼育されていました**.私たちの先祖は強くて勤勉で、持久力と寒い北極の気候に耐えられるように作られていました.今日でも私たちはその特徴を引き継いでおり、アウトドアアドベンチャーの素晴らしい相棒となっています.

さて、私たちの音の言語について話しましょう.ああ、私たちハスキー犬の独特の発声です！私たちは、短く鋭いものから長くてメロディアスなものまで、独特の遠吠えで知られています.私たちが遠吠えするとき、それは群れとコミュニケーションをとったり、幸せや興奮、あるいはちょっとしたいたずらなどの感情を表現したりする方法なのです.

不安に関して言えば、私たちハスキー犬は、エネルギーが過剰に燃え上がっているときに、時々**ズーミーの症状に陥ることがあります**.定期的な運動と精神的刺激は、私たちの健康にとって非常に重要です.長時間の散歩、ランニング、インタラクティブな遊びセッションは、満足感を保ち、望ましくない行動を防ぐのに役立ちます.さあ、リードをつかみ、靴ひもを締めて、一緒に大自然へ出かけましょう!

さて、私たちの好き嫌いについて話しましょう.ハスキーは、広々としたオープンスペースと探索する余地がたくさんあることを強く好みます.私たちは走るために生まれてきたのです！ですから、安全に柵で囲まれた庭にアクセスできたり、自然の中でリードなしで冒険できる十分な機会があれば、私たちは本当に幸せになれるのです.野原、森、雪景色を駆け抜ける私たちの興奮を見てください.

私たちハスキー犬にとっても睡眠は重要ですが、他の犬種とは少し異なります.通常、毎日約 14 ～ 16 時間の睡眠が必要ですが、睡眠パターンはもう少し柔軟にすることができます.日中は簡単な昼寝をし、夜はぐっすりうたた寝を楽しむ人もいるかもしれません.重要なのは、休息と遊びの間の完璧なバランスを見つけることです.

生活環境に関しては、私たちハスキーは屋内と屋外の両方の環境に適応できます.しかし、私たちは強い本能と高いエネルギーレベルを持っているため、十分な運動と精神的な刺激を与えてくれる活発な飼い主のいる家庭で繁栄します.広々とした庭や近くの公園や小道へのアクセスは、私たちにとって夢の実現です.

私たちの健康を確保するために、飼い主は私たちの自然な本能を理解する必要があります.ハスキー犬は知的で独立した思考力を持っているため、一貫したポジティブな強化トレーニングが鍵となります.私たちは報酬ベースの方法にうまく反応し、パズルのおもちゃや服従訓練などの精神的な課題で成長します.正しい指導とたくさんの愛があれば、私たちは最も忠実で行儀の良い仲間になれるのです.

結論として、親愛なる皆さん、私たちハスキー犬は冒険好きで、遊び好きで、愛に満ちています.私たちの犬種の背景、独特の鳴き声、屋外活動の必要性などにより、私たちは本当に特別な存在となっています.あなたの愛、配慮、そして私たちにアクティブで刺激的なライフスタイルを提供するという献身的な取り組みにより、私たちは想像できる限り最も幸せで最も献身的な仲間になるでしょう.

それで、シベリアン ハスキーの友達と一緒にスリル満点の冒険に乗り出す準備はできていますか?一緒にトレイルを征服し、新しい領域を探索し、忘れられない思い出を作りましょう.しっぽを振り、うれしそうな遠吠えをし、一生続くハスキーの愛を満喫しましょう!

たくさんの愛と、たっぷりのキスを、

あなたのシベリアン ハスキー

Staffordshire Bull Terrier

スタッフォードシャー・ブル・テリア

ワンワン！こんにちは、私の素晴らしい人間の友人！スタッフォードシャー・ブル・テリアの相棒がここにいます.この犬種の素晴らしい点をすべて説明します.素晴らしい冒険の準備をしましょう！

私たちの背景から始めましょう.スタッフォードシャー・ブル・テリアは、略してスタフィーと呼ばれることも多く、フレンドリーで愛情深い性格で知られています.私たちは勇敢で忠実な使役犬として豊かな歴史を持ち、元々は闘牛のために飼育されてきました.時間が経つにつれて、私たちは優しく愛情深い家族の仲間に進化し、愛らしい笑顔としっぽを振ることで心を掴みました.

コミュニケーションに関しては、私たちは決して静かな人間ではありません.私たちは、ふざけた鳴き声やうなり声、さらには時折の遠吠えによって、幸せや興奮を声に出すのが大好きです.私たちの表情豊かな顔と振る尻尾は、人生に対する熱意と人間への愛を示しています.ああ、有名なスタッフィスマイルについても触れましたか?暗い日でも明るくすることができます！

不安は、スタフィーを含め、私たちの誰もが影響を受ける可能性のあるものです.私たちは、大きな騒音、新しい環境、愛する人間との別れに直面したとき、不安を感じることがあります.私たち人間は、穏やかで安全な環境を提供し、積極的な強化を提供し、徐々に新しい経験をさせて自信を持たせる必要があります.皆様のご理解と忍耐は私たちにとって非常に大切です.

さて、私たちスタッフィが本当に幸せになれることについて話しましょう.私たちは愛、注目、そしてたくさんの遊びの時間で成長します.私たちは、毎日の散歩、インタラクティブなゲーム、トレーニングセッションを楽しむ、アクティブで愛情深い家族の一員であることに憧れています.精神的および肉体的な刺激は、私たちを幸せで満足させる鍵となります.ああ、お腹も擦るよ！お腹を撫でると絶対にとろけます！

睡眠に関して言えば、私たちは犬ほど怠け者ではありませんが、美容のための休息を大切にしています.バッテリーを充電するには、毎日約 12 ～ 14 時間の睡眠が必要です.私たちがお気に入りの居心地の良い場所で居眠りしたり、ソファであなたの隣に寄り添ったり、ボールを追いかけたり、お気に入りのおもちゃで遊んだりすることを夢見ているのを見つけるかもしれません.

私たちの生活様式は、さまざまな環境に適応することができます.広々とした家であろうと、居心地の良いアパートであろうと、十分な運動と人間との有意義な時間があれば、私たちは幸せなキャンパーです.私たちは本質的に室内犬ですが、人間と一緒にアウトドアの冒険をすることも楽しんでいます.

私たちの健康と成長を維持するには、定期的な運動、バランスの取れた食事、定期的な獣医検査が重要です.私たちは強くて筋肉質な体格を持っていますが、養う必要がある繊細な側面も持っています.あなたの愛、思いやり、そして責任あるオーナーシップは、あなたが私たちに与えてくれる最高の贈り物です.

結論として、親愛なる人間の仲間である私たちスタッフォードシャー・ブル・テリアは、愛、忠誠心、そして純粋な喜びの塊です.私たちの豊かな歴史、表情豊かな顔、そして人生への熱意が私たちを本当に特別なものにしています.あなたの愛、指導、そしてお腹をたくさんさすってもらえれば、私たちはあなたが望むことのできる最も幸せで最も献身的な仲間になります.

しっぽを振り、よだれを垂らしたキスをし、忘れられない思い出が詰まった、一生に一度の冒険に一緒に乗り出しましょう.私はあなたの永遠の友人となり、無限の愛を注ぐためにここにいます!

愛情を込めて尻尾を振りながら、

あなたのスタッフォードシャー・ブル・テリア

Volpino Italiano

ヴォルピノ イタリアーノ

ワンワン！ あなたの愛らしいヴォルピノ イタリアーノの仲間がここにいます.私たちの楽しい品種についての興味深い詳細をすべて共有する準備ができています.魅力的な世界を巡る素晴らしい旅の準備をしましょう!私たちは体は小さいかもしれませんが、イタリアの田舎と同じくらい大きな心を持っています.

まず最初に、私たちの外見について話しましょう.ふわふわの豪華な毛並みと明るく表情豊かな瞳は、かわいらしさの典型です.私たちの毛皮には白、クリーム色、赤などさまざまな色がありますが、美しい見た目を保つには定期的な手入れが必要です.ところどころブラッシングをするだけで、毛並みはきれいになり、尻尾は大喜びで揺れます.

私たちの小さな身長に騙されないでください.私たちにはパンチの効いた個性が揃っています！私たちは活発で警戒心が強く、人間の家族に対して非常に忠実であることで知られています.毎日の散歩に同行したり、膝の上で丸まって抱っこしたり、あるいは単に部屋で注目の的になったりするなど、私たちはあなたのそばにいることを愛しています.私たちの魅力的な態度とフレンドリーな性格は、あらゆる年齢層の人々にとって素晴らしい仲間になります.

賢い小さな子犬である私たちは学習が早く、精神的な刺激で成長します.パズルおもちゃ、インタラクティブなゲーム、ポジティブな強化トレーニングで私たちの心を動かしてください.そうすれば、私たちがどれほど賢いかを証明してみましょう!私たちは周囲の世界を探索する自然な好奇心を持っているため、幸せでバランスの取れた状態を保つために、精神的および肉体的な運動の機会を十分に提供することが重要です.

不安に関して言えば、私たちヴォルピノ・イタリア人の中には、敏感な人もいます.大きな騒音、新しい環境、または長時間一人でいると、私たちは不安を感じることがあります.穏やかで快適な環境づくり段階的な脱感作とポジティブな強化トレーニングとともに、私たちの不安を和らげることができます.あなたの愛ある存在と安心感があれば、私たちはすぐに安心感を得ることができます.

生活の取り決め？私たちは適応力のある小さな愛しい人です.私たちはアパートや一軒家でも成長できますが、探索したり遊んだりできる安全な屋外エリアがあるとありがたいです.少し冒険心があり、目に留まったものは何でも追いかけようとする傾向があるので、注意してください.

結論として、親愛なる皆さん、私たちヴォルピノ・イタリア人は、小さな喜びの塊です.愛らしい見た目、フレンドリーな性格、知性により、私たちは魅力的な仲間になります.あなたの愛、関心、そしてたくさんの遊びの時間があれば、私たちはブロックで最も幸せなヴォルピノ イタリアーノになるでしょう!それでは、しっぽを振り、濡れたキスをし、終わりのない愛で満たされる、一生に一度の楽しい冒険に一緒に乗り出しましょう.

たくさん抱っこしたり尻尾を振ったりして、

あなたのヴォルピノ イタリアーノ

Welsh Springer

Spaniel

ウェルシュ・スプリンガー・スパニエル

ワンワン！ここにいるのはフレンドリーなウェルシュスプリンガー スパニエルです.私にしっぽを振って、私たちの素晴らしい犬種について知っておくべきことをすべて共有したいと思っています.一緒にウェルシーの素晴らしい世界に飛び込みましょう！

まず最初に、私たちの美しいルックスについて話しましょう.赤と白の色合いの柔らかくウェーブのかかった被毛がとても目を引きます.垂れた耳とソウルフルな目は、どこにいても心を溶かす魅力的な魅力を与えます.公園で遊んでいるときも、ソファでくつろいでいるときも、私たちの美貌は常に主張します.

しかし、ウェルシュ・スプリンガー・スパニエルの魅力は見た目だけではありません.私たちは知的で、活発で、エネルギーに満ちています.いつでも冒険やゲームを楽しみ、アクティブな個人や家族の優れた相棒となります.私たちは運動が大好きなので、精神的にも肉体的にも刺激を受け続けるために、たくさん散歩したり、遊んだり、場合によっては敏捷性トレーニングをしたりする準備をしてください.

交友関係といえば、私たちは愛情深く愛情深い性格で知られています.私たちは人間の家族を崇拝し、群れの一員として繁栄します.ソファで寄り添っているときも、家の中であなたの後を追っているときも、私たちはいつもあなたのそばにいて、キスをしたり、しっぽを振ったりして喜んでいます.

さて、不安について話しましょう.多くの犬と同様に、私たちウェルシーも特定の状況で不安を感じることがあります.日常生活の変化、大きな騒音、または長時間一人でいると、私たちは不安を感じることがあります.しかし恐れることはありません.あなたの愛、忍耐、そして少しの特別な配慮によって、私たちはこれらの心配を克服することができます.ルーチンを確立し、リラックスできる居心地の良い隠れ家を提供し、ポジティブ強化トレーニング方法は、私たちが安心感を得るのに大いに役立ちます.

生活の取り決め？私たちは順応性があり、さまざまな環境に適応することができますが、心ゆくまで探索したり匂いを嗅いだりできる安全な屋外エリアがあることに感謝します.私たちには狩猟や追跡に対する本能が備わっているため、鼻を使って精神的に刺激的な活動をする機会を持つことは、私たちの健康にとって重要です.

結論として、親愛なる皆さん、私たちウェルシュ・スプリンガー・スパニエルは愛、エネルギー、忠誠心の塊です.私たちの美貌、知性、そして愛情深い性質により、私たちは活発で愛情深い毛皮で覆われた友達を好む人にとって完璧な伴侶になります.あなたの愛と関心があれば、私たちはこのブロックで最も幸せなウェールズ人になり、あなたの側で生涯の楽しい冒険に乗り出す準備ができています.

あなたに手振りとキスを送ります、あなたの

ウェルシュ・スプリンガー・スパニエル

Yorkshire Terrier

ヨークシャーテリア

ワンワン！やあ、人間の相棒よ！あなたのヨークシャーテリアの友達が、私たちヨーキーについての興味深い詳細をすべて教えてくれます.私たちの世界への素晴らしい旅の準備をしましょう!

まず最初に、私たちの品種について話しましょう.私たちヨーキーは体は小さいですが、性格は大きいです.イギリス原産で、元々は繊維工場でネズミを狩るために飼育されていました.ただし、私たちの小さな身長に騙されないでください.私たちは、他のグループから目立つようにする、勇敢で恐れを知らない精神を持っています.

さあ、私たちの独特の音言語についておしゃべりしましょう.私たちは小さいかもしれませんが、私たちの鳴き声にはパンチがあります.私たちが一連の早吠えをするとき、それは通常、誰かまたは何かが私たちの領域に近づいていることを知らせる方法です.そして、甲高い興奮した叫び声を発するとき、それは私たちが喜びで爆発し、楽しいことをする準備ができていることを意味します.

不安に関しては、私たちヨーキーは少し敏感になることがあります.私たちは、慣れない状況や大きな騒音の中で少し緊張してしまうことがあります.安心してくつろげる安全で居心地の良い空間を提供し、なだめるような言葉で優しく安心させ、たくさん抱きしめてあげることは、不安な心を落ち着かせるのに役立ちます.あなたの愛に満ちた存在が私たちにとって世界を意味することを忘れないでください.

では、自分の好き嫌いを掘り下げてみましょう.ヨーキーは、エレガントで魅力的な外観で知られています.私たちは、甘美でシルキーなコートやファッショナブルなアクセサリーで自分の持ち物を誇張するのが大好きです.身だしなみは私たちを最高の状態に保つために不可欠です.定期的なブラッシング、ヘアカット、そして時々犬用のスパに行くことで、私たちは王族になったような気分になれます.

私たちは睡眠に関してはあまり得意ではないかもしれませんが、それでも美容のための休息は必要です.私たちは通常、小さなバッテリーを充電するために毎日約14～16時間の睡眠を必要とします.ですから、私たちが家の中で一番居心地の良い場所で丸まって、遊びとおいしいおやつを夢見ているのを見つけても驚かないでください.

生活環境に関して言えば、私たちは屋内と屋外の両方の環境にうまく適応できます.しかし、私たちは体が小さいので、屋内でのライフスタイルに適しています.私たちは人間の仲間の近くにいて、彼らの膝の上に寄り添って質の高い絆を育むことが大好きです.おもちゃ、柔らかいベッド、インタラクティブな遊び時間を備えた安全で豊かな室内環境を作り出すと、私たちは喜んで尻尾を振ります.

私たちの健康を確保するために、飼い主は私たちに精神的な刺激と社交性を与えなければなりません.毎日の近所の散歩、インタラクティブなパズルおもちゃ、服従訓練セッションにより、私たちは頭が冴え、尻尾を振ることができます.私たちは愛と報酬に最もよく反応するため、ポジティブな強化と優しい導きは驚くべき効果をもたらします.

結論として、親愛なる皆さん、私たちヨーキーは元気で、愛情深く、そして魅力的です.私たちの犬種の独特の鳴き声、ニーズ、魅力的な性質が私たちを特別なものにしています.あなたの愛情、気遣い、そしてお腹をたくさん撫でてもらえれば、私たちはあなたのそばにいて、最も幸せで最もスタイリッシュなコンパニオンになります!

それでは、人間の友人よ、一緒にこの冒険に乗り出しましょう.あなたの指導と限りない愛情で、私たちは生涯続く絆を築きます.しっぽを振ったり、愛らしいおふざけをしたり、ヨーキーの愛情がたっぷり詰まった準備をしましょう!

たくさんの愛と、たっぷりのキスを、

あなたのヨークシャーテリア

第15章

10の優れたWebサイト

ワンワン！不安の課題を理解している毛皮の友人として、私はここで、あなたとあなたの大切な子犬の両方を助けることができるいくつかの肉球のウェブサイトを共有します. これらの Web サイトは、犬の不安を管理するための貴重なリソース、ヒント、サポートを提供します. これらのサイトには、不安の兆候と原因の理解から、ストレスを軽減するための効果的なテクニックの実践まで、すべてが網羅されています.

1. PetMD

ペットの健康とケアに関するあらゆることをオンラインで提供する PetMD をご紹介します. これは仮想ドッグパークのようなもので、犬、クールな猫、その他の毛むくじゃらの友達に貴重な情報を提供します. PetMD は、一般的な鼻づまりから深刻な問題まで、私たち犬が直面する可能性のあるさまざまな健康状態をカバーし、ペットの親が症状を認識し、犬の健康について情報に基づいた決定を下せるよう支援します. また、犬の栄養、行動、トレーニング、グルーミング、予防ケアに関するヒントも提供します. それは私たちの健康と幸福のすべてのニーズを満たすワンストップの樹皮の味のリソースです. QR コードをスキャンするか、リンクを使用します. https://www.petmd.com/

SCAN ME

SCAN ME

2. **Fear Free Happy Homes は**、リソースとアドバイスが豊富なペットの飼い主の宝庫です. 彼らのウェブサイトは、犬の不安の管理から一般的なペットの行動や健康まで、あらゆることをカバーしています. 記事、ビデオ、ウェビナーのコレクションに飛び込んで、洞察力に富んだポッドキャストを探索することも忘れないでください. QR コードをスキャンするか、リンクを使用します. https://www.fearfreehappyhomes.com/

3.**Whole Dog Journal は**私たちのような場所です.あらゆる犬に関する情報が満載のウェブサイトと雑誌です.不安の発見と対処に関する記事に加え、不安を解消するグッズのレビューなど、不安に関する最新情報を掲載しています.私たちに最高のものを与えようと努力している子犬の親にとって、それは一流のリソースです.だから、ソファでリラックスして、一緒に雑誌を読みましょう.私にもご褒美をあげるのを忘れないでください.横糸! QR コードをスキャンするか、リンクを使用します.
http://www.whole-dog-journal.com

SCAN ME

4. **Bondivet**は、ペットの健康に関するリソースとアドバイスを提供するオーストラリアの Web サイトです.行動や訓練など、ペットの世話に関連するさまざまなトピックに関する記事、ビデオ、その他のリソースを提供しています.オーストラリアの動物病院と動物病院のディレクトリもあり、ペットの飼い主が質問したりアドバイスを共有したりできるフォーラムもあります. QR コードをスキャンするか、リンクを使用します. https://bondivet.com

SCAN ME

5. **DogTV 犬のテレビ** ああ、私たちに素晴らしいテレビチャンネルがあるなんて信じられますか?!そこには、心地よい曲から禅のビジュアル、さらには特別な犬のショーまで、たくさんのビデオが見つかります.それは私たち自身のエンターテイメントセンターのようなもので、人間がいないときに最適です.それは、画面上に毛むくじゃらの友達がいて、私たちに付き合ってくれて、孤独と退屈を克服するのを助けてくれるようなものです.それはデジタル世界のしっぽを振る遊び場のようなものです. DogTV.com は犬の夢が叶ったようなものです. QR コードをスキャンするか、リンクを使用します. https://www.dogtv.com/

SCAN ME

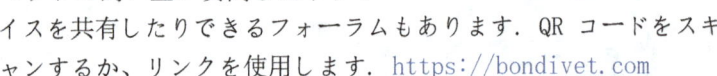

6. **ThunderShirt サンダーシャツ**.うわー、第5章で私がそのことについて吠えたときのことを覚えていますか? このかわいらしい会社は、私たちを涼しくリラックスさせてくれるものを作っています.彼らの代表的な製品であるサンダーシャツは、私たちをぴったりと包み込み、不安を和らげてくれます.このウェブサイトでは、この魔法のラップがどのように機能するかを共有し、犬のストレスに対処するためのリソースや記事を入手します. これは、不安を抱える犬を落ち着かせるための非侵襲的な解決策を探しているペットの飼い主にとって貴重なリソースです. QR コードをスキャンするか、リンクを使用します.
https://thundershirt.com/

7. **獣医師とのチャット**: Ask a Veterinarian Onlineという肉球 Web サイトについて、興奮しながら尻尾を振らせてください.
仮想の動物病院をすぐに利用できるようなものです. 12,000 人以上の専門家が 196 か国の 700 カテゴリー、4 言語をサポートしています.健康上の懸念から行動の癖まで、専門の獣医師があなたの手助けをし、毛皮で覆われたペットに最適なアドバイスを提供します. QR コードをスキャンするか、リンクを使用します.
https://www.askaveterinarianonline.com/

8. **Pitpat** はぐれたり迷子になったりするのがいつも心配だけど、どうなるんだろう? PitPat という素晴らしいデバイスがあります.これは単なるウェブサイトではありません.それは犬用のスーパーヒーローガジェットです.これは首輪にぶら下げて、歩数、距離、さらには消費カロリーなど、私の移動量を記録する小さなデバイスです.そして、それはあなたの携帯電話上のクールなアプリと通信し、そこで私のすべての活動データをチェックし、運動の目標を設定することができます. PitPat は私の相棒のようなもので、私が活動的で健康でいられるように手伝ってくれます. これ

は、私の運動習慣を監視するための非常に便利なツールです. QR コードをスキャンするか、リンクを使用します. https://www.pitpat.com/

9. **Calm Canine** -私たち犬が孤独に対処する専門家になるのを助けるアカデミー.このサイトには、一人でいるときにもっと自信を持って幸せになる方法を教えてくれる素晴らしいリソースやトレーニング プログラムがたくさんあります.ステップバイステップのガイドと楽しいインタラクティブなコースがあり、楽しく学習できます.ですから、あなたがいないときでも、毛むくじゃらの相棒がしっかりと足を触ってくれるようにしたい場合は、このウェブサイトをチェックしてください.分離不安のためだけにパーソナルトレーナーを雇うようなものです.チャンピオンのように孤独にも耐えられることを世界に示しましょう. QR コードをスキャンするか、リンクを使用します. https://www.calmcanineacademy.com/separation-skills-1

SCAN ME

10. **k9ti**はオンライントレーニングの専門家です.このウェブサイトは、K9（犬）のトレーニングと行動に関するものです.毛皮で覆われた友人のトレーニング技術、行動修正、全体的な健康について理解を深めたい犬の飼い主や愛好家に、貴重な情報とリソースを提供します.基本的な服従から高度なスキルまで、服従のスキルを身に付けるのに役立つヒント、記事、さらにはオンライン コースも見つかります. 子犬との絆が深まり、トレーニング体験が向上します.したがって、愛犬の可能性を解き放ち、肉球トレーニングの旅に乗り出したいのであれば、このウェブサイトは知識の宝庫です.探検と楽しいトレーニングを楽しんでください! QR コードをスキャンするか、リンクを使用します. https://k9ti.org/

SCAN ME

これらの Web サイトとオンライン リソースは、追加情報とサポートを提供するように設計されていることに注意してください.他にも役立つ Web サイトが何百もあります.犬のニーズに合わせた個別の指導については、必ず獣医師または認定専門家に相談してください.

第16章

出典と参考文献

さらに深く掘り下げる場所

やあ、好奇心旺盛な人間の友達よ！より多くの知識が必要で、さらに詳しく調べたい場合は、ここにいくつかの貴重な情報源と参考文献を記載しますので、しっかりと理解してください.これらの宝石は、毛むくじゃらの親友を理解してサポートする旅を続けるのに役立ちます.

✓ ABA (Animal Behavior Associates)、スザンヌ・ヘッツ博士によって共同設立されました.認定応用動物行動学者であるダニエル・エステップ博士は、ペット、特に犬の行動に関する専門家によるアドバイスを提供します.彼らは、不安などのペットの問題に取り組むための記事、ウェビナー、リソースの宝庫を提供しています.彼らのウェブサイトには、カスタマイズされたアドバイスや治療計画を提供できる認定動物行動学者のディレクトリもあります. Animal Behaviour Associates は、ペットの飼い主が毛皮で覆われた友人の行動を解読し、一般的な問題に対する効果的な解決策を見つけるのを支援することを目的としています. QR コードをスキャンするか、リンクを使用します.
https://animalbehaviorassociates.com

SCAN ME

✓ National Canine Research Council, (NCRC) は、犬の行動科学に関する非営利団体で、犬の行動に対する科学的なアプローチで真実を探ることに取り組んでいます.彼らは調査研究を収集し、データを分析し、科学を誰にとっても理解しやすくするために重要な発見を明らかにしました.リソース ページを嗅ぐと、犬を含むペットを支援する素晴らしいリソース会社の長いリストが見つかります. QR コードをスキャンするか、リンクを使用してください.

SCAN ME

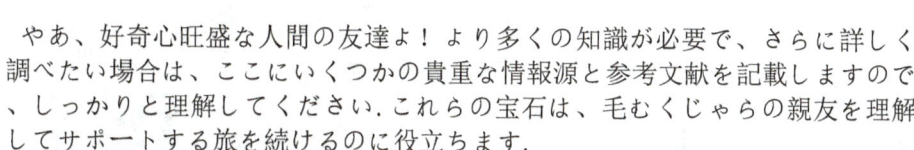

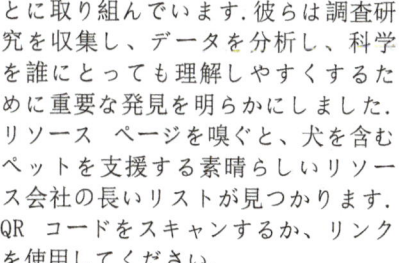

https://nationalcanineresearchcouncil.com/

UF Health（フロリダ大学）は、適切な犬種を見つけるためのガイドを提供します.これは、人間がさまざまな犬種を区別する方法を学ぶのに役立つ楽しいゲームのようなものです.ご存知のように、ビーグルとボーダーコリーを区別したり、私がラブラドールかジャーマンシェパードかを判断したりするのと同じです.これは犬の探偵ゲームのようなもので、私たち人間は品種を識別する専門家になれるのです. QR コードをスキャンするか、リンクを使用します. https://sheltermedicine.vetmed.ufl.edu/

SCAN ME

✓ **遺伝と不安**;私たちの遺伝子と不安の間の興味深い関係について考えたことはありますか?そうですね、興味をそそられる科学記事がありますので、ぜひ読んでみてください.この研究では、犬の不安に関連する遺伝的要因を調査し、特定の遺伝子がどのように人間の不安傾向に寄与するかを明らかにしました.これは、私たちの毛皮で覆われた友人たちの不安の根底にある生物学に光を当てる刺激的な研究です.科学の不思議を楽しんで探究しましょう! QR コードをスキャンするか、リンクを使用します.

SCAN ME

https://www.nature.com/articles/s41598-020-59837-z

✓ 子犬に注目! **スマートドッグ大学が**スタート地点です!このウェブサイトには、別れを理解し、それに対処することについての肉球のブログ記事があります.子犬であることは、人間の小さな子供であることに似ています.それは私たちがスポンジのように知識を吸収するときです.この Web サイトは、ブログ、リソース、サービス、ウェビナーなどの宝庫があり、素晴らしいスタートを切るための出発点です.たとえあなたが犬の天才であっても、子犬のトレーニングには専門知識が必要であることを忘れないでください.より良い子犬の親になるためにプロから学びましょう! パピー大学を卒業すると、将来の不安が軽減されるなど、多くのメリットがあります. QR コードをスキャンするか、リンクを使用します. https://smartdoguniversity.com/

SCAN ME

忘れないでください、私の素晴らしい人間たち、これらのリソースは尻尾の先端にすぎません.探索を続け、学び続け、知識を得るために尻尾を振り続けてください.知れば知るほど、私たち犬に必要な愛情、ケア、サポートを提供する準備が整います.

第17章

非常に役立つ 10 の表

私の 40 種類の異なる品種の友人に関する 10 個の非常に役立つスプレッドシートを見てみましょう.これらの表は情報の宝庫であり、私たちを比較し、私たちの独特の特徴、健康上のヒント、身だしなみの必要性、トレーニングの癖、さらにはお気に入りの昼寝や散歩の時間まで知ることができます.

しかしそれだけではありません！これらの表は、私たちの不安の深さを掘り下げ、注意すべき兆候や尻尾を垂れさせる理由を共有しているため、非常にユニークです.何か見逃した場合、またはご質問がある場合は、メールでご連絡ください.一緒に、毛むくじゃらの仲間たちを理解し、世話をするこの素晴らしい旅に乗り出すときに、細部が取り残されないようにしましょう!横糸!

やあ、みんな！あなたが残りの章に進んでいる間、私はしっぽを振って人間の友達と素敵な散歩に出かけます.ああ、太陽は輝いていて、そよ風が呼んでいます.探索すべき匂いはたくさんあります.毛皮で覆われた自分を大切にすることは、知識を広げることと同じくらい重要です.それでは、読み続けてください.後で追いつきます.犬好きの皆さん、旅を楽しんでください！横糸!

40の人気のある品種の特徴、パート1

40の人気のある品種の特徴、パート1					
繁殖	サイズ	気質	運動の必要性	お子様との互換性	他のペットとの互換性
アラスカンマラミュート	大きい	独立心旺盛、エネルギッシュ	高い	適度	低い
オーストラリアン・キャトル・ドッグ	中くらい	知的でエネルギッシュ	高い	適度	低い
オーストラリアン シェパード	中くらい	インテリジェント、アクティブ	高い	高い	適度
ビーグル	小さい	フレンドリー、好奇心旺盛	適度	高い	高い
ベルギーマリノア	大きい	保護的、忠実	高い	低い	低い
バーニーズ・マウンテン・ドッグ	大きい	優しい、気立ての良い	適度	高い	高い
ビションフリーゼ	小さい	遊び心があり、愛情深い	適度	高い	高い
ボーダーコリー	中くらい	知的でエネルギッシュ	高い	適度	適度
ボストンテリア	小さい	フレンドリーで活気のある	適度	高い	低い
ボクサー	大きい	遊び心たっぷり、エネルギッシュ	高い	高い	低い
ブルターニュ	中くらい	アクティブで多用途	高い	高い	高い
ブルドッグ (英語/フランス語)	中くらい	おとなしい、おおらかな	低い	高い	低い
カネコルソ	大きい	自信があり、知的	適度	低い	低い
ウェルシュ・コーギー・カーディガン	中くらい	警戒心旺盛、愛情深い	適度	高い	適度
キャバリア・キング・チャールズ・スパニエル	小さい	愛情深く、優しい	適度	高い	高い
チワワ	小さい	活発、勇敢	低い	低い	低い
コッカースパニエル	中くらい	優しくて賢い	適度	高い	高い
ダックスフント	小さい	好奇心旺盛、賢い	適度	高い	適度
ドーベルマンピンシャー	大きい	忠実、恐れ知らず	高い	低い	低い
イングリッシュコッカースパニエル	中くらい	陽気で賢い	適度	高い	高い
イングリッシュセッター	大きい	優しい、気立ての良い	高い	高い	適度
ジャーマンシェパード	大きい	忠実、自信がある	高い	高い	高い

40の人気のある品種の特徴、パート2					
繁殖	サイズ	気質	運動の必要性	お子様との互換性	他のペットとの互換性
ゴールデンレトリバー	大きい	インテリジェント、フレンドリー	高い	高い	高い
グレートデーン	巨人	優しい、フレンドリーな	低から中程度	高い	低い
ラブラドール・レトリバー	大きい	社交的で、気性も穏やか	高い	高い	高い
レオンベルガー	巨人	優しい、フレンドリーな	適度	高い	適度
マルタ語	小さい	優しい性格、活発な性格	低い	高い	高い
ミニチュアシュナウザー	小さい	恐れ知らず、元気いっぱい	適度	適度	高い
ノルウェーエルクハウンド	中くらい	太字、警告	適度	高い	適度
プードル（スタンダード/ミニ/トイ）	不定	インテリジェント、アクティブ	適度	高い	高い
ポーチュギーズ・ウォーター・ドッグ	中くらい	インテリジェント、アクティブ	高い	高い	高い
パグ	小さい	魅力的、いたずら好き	低い	高い	適度
ロットワイラー	大きい	冷静、勇敢	高い	低い	低い
柴犬	中くらい	アラート、アクティブ	高い	低い	低い
シーズー	小さい	愛情深く、遊び心がある	低から中程度	高い	高い
シベリアンハスキー	中くらい	社交的、いたずら好き	高い	中程度から高程度	低い
スタッフォードシャー・ブル・テリア	中くらい	大胆で愛情深い	高い	低い	高い
ヴォルピノ イタリアーノ	小さい	アクティブ、アラート	適度	適度	適度
ウェルシュ・スプリンガー・スパニエル	中くらい	フレンドリー、優しい	高い	適度	高い
ヨークシャーテリア	小さい	愛情深く、元気いっぱい	低い	高い	適度
この表は各品種の特徴の一般的な概要を示していることに注意してください。個々の犬は品種内で変化を示す場合があります。決定する前に、さらなる調査を実施し、品種固有の専門家または信頼できる情報源に相談して、より詳細で正確な情報を得ることが重要です。さらに、愛情と協力的な環境で成長するには、適切な訓練、社会化、世話がどの犬種にとっても不可欠であることを忘れないでください。					

40の人気のある品種の不安のタイプ、レベル、および兆候、パート1

犬種名	不安タイプ	不安レベル	不安の兆候
アラスカンマラミュート	分離不安	適度	遠吠え、過度の吠え、穴を掘る、逃げる、歩き回る、破壊的な行動（ドアや窓をひっかく）
オーストラリアン・キャトル・ドッグ	分離不安	高い	過度の吠え、破壊的行動、ペース配分、落ち着きのなさ、音に対する過敏症
オーストラリアン シェパード	全般性不安、分離不安	中くらい	過度の挟み撃ち、強迫的な行動、落ち着きのなさ、安心感の追求、破壊的行動、ペーシング
ビーグル	分離不安	高い	過度の遠吠え、穴掘り、破壊的な行動、ペース配分、落ち着きのなさ、逃げようとする
ベルギーマリノア	分離不安	高い	過度の吠え、破壊的行動（家具や持ち物を噛む）、落ち着きのなさ、ペースの速さ、脱走の試み
バーニーズ・マウンテン・ドッグ	騒音不安、分離不安	低い	隠れる、安らぎを求める、あえぐ、ペーシング、落ち着きのなさ、破壊的、音に対する過敏症
ビションフリーゼ	社会不安、分離不安	低い	過度の震え、恐怖、社会的交流の回避、分離不安、安心感の追求、破壊的傾向、落ち着きのなさ
ボーダーコリー	分離不安	高い	過度の群れ行動、落ち着きのなさ、ペーシング、破壊的行動、発声、強迫的行動、音に対する過敏症
ボストンテリア	騒音不安、分離不安	中くらい	過度のあえぎ、快適さを求める、落ち着きのなさ、破壊的、過度の吠え、音に対する過敏症
ボクサー	全般的な不安	高い	ペーシング、過度のよだれ、落ち着きのなさ、多動、破壊的行動、強迫的行動
ブルターニュ	騒音不安	適度	あえぐ、震える、隠れる、安らぎを求める、落ち着きのなさ、ペーシング、大きな騒音や雷雨のときに逃げようとする
ブルドッグ（英語/フランス語）	社会不安、分離不安	中くらい	社交的状況の回避、新しい人への恐怖、分離の苦痛、過度のよだれ、破壊的な行動、あえぎ、ペーシング

40の人気のある品種の不安のタイプ、レベル、および兆候、パート2			
犬種名	不安タイプ	不安レベル	不安の兆候
カネコルソ	一般的な不安	適度	過度の吠え、うなり声、攻撃性、破壊的行動（物や家具を噛む）、落ち着きのなさ、強迫的行動
ウェルシュ・コーギー・カーディガン	騒音不安	低い	息を呑む、震える、安心感を求める、縮こまる、隠れようとする、落ち着きのなさ、大きな音や花火の中で歩き回る
キャバリア・キング・チャールズ・スパニエル	分離不安	低い	過度の泣き言、別離の苦痛、安心を求める、破壊的な行動、落ち着きのなさ
チワワ	社会不安、分離不安	高い	過度の震え、攻撃性、恐怖、過度の吠え、隠れる、安心感を求める、分離不安、社会的交流の回避
コッカースパニエル	騒音不安、分離不安	中くらい	隠れる、過剰に吠える、あえぐ、震え、破壊的、落ち着きのなさ、音に対する過敏症
ダックスフント	分離不安	中くらい	過度の泣き言、自己破壊的な行動、落ち着きのなさ、穴を掘る、逃げようとする、音に過敏になる
ドーベルマンピンシャー	社会不安	高い	恐怖のボディーランゲージ、回避、攻撃性、落ち着きのなさ、過度の吠え、あえぎ、震え、音に対する過敏症
イングリッシュコッカースパニエル	一般的な不安	適度	過剰に吠える、泣き言を言う、落ち着きのなさ、強迫的行動（尻尾を追いかける、足をなめる）、分離不安、常に注目を求める
イングリッシュセッター	全般性不安、分離不安	中くらい	過度のペーシング、震え、落ち着きのなさ、安心感の追求、破壊的な行動、分離不安
ジャーマンシェパード	騒音不安、分離不安	高い	あえぐ、震え、隠れる、泣き言を言う、過剰に吠える、破壊的、逃げようとする、音に過敏になる、ペーシング、落ち着きのなさ

40の人気のある品種の不安のタイプ、レベル、および兆候、パート3			
犬種名	不安タイプ	不安レベル	不安の兆候
ゴールデンレトリバー	全般性不安、分離不安	低い	落ち着きのなさ、過剰な身づくろい、安心を求める、強迫的な行動、過覚醒、あえぐ、震え
グレートデーン	騒音不安、分離不安	低い	隠れる、安らぎを求める、あえぐ、震え、ペーシング、落ち着きのなさ、音に対する過敏症
ラブラドール・レトリバー	分離不安	中くらい	過度に吠える、破壊的な行動、ペースを保つ、よだれを垂らす、逃げようとする
レオンベルガー	分離不安	適度	過度の泣き言、泣き言、ペーシング、落ち着きのなさ、破壊的な行動（ドアや家具をひっかく）、よだれを垂らす
マルタ語	分離不安	低い	噛みすぎ、排尿、落ち着きのなさ、安心感を求める、分離不安
ミニチュアシュナウザー	分離不安	中くらい	過度の吠え、穴掘り、ペーシング、落ち着きのなさ、破壊的行動、音に対する過敏症
ノルウェーエルクハウンド	騒音不安	適度	遠吠えする、歩き回る、隠れる、慰めを求める、震え、落ち着きのなさ、大きな騒音や花火のときに逃げようとする
プードル（スタンダード/ミニ/トイ）	騒音不安、分離不安	低い	震える、慰めを求める、隠れる、過剰に吠える、破壊的、あえぐ、ペーシングする
ポーチュギーズ・ウォーター・ドッグ	一般的な不安	低い	過度の吠え、あえぎ、落ち着きのなさ、ペーシング、強迫的行動（なめる、噛む）、常に注目を求める、分離不安
パグ	全般的な不安	低い	過度のなめる、しがみつく、安心感を求める、過剰警戒、落ち着きのなさ、分離不安
ロットワイラー	社会不安	高い	攻撃性、恐怖心、社会的交流の回避、過警戒、落ち着きのなさ、過剰な吠え
柴犬	騒音不安、分離不安	中くらい	過度の発声、隠れる、落ち着きのなさ、破壊的、逃げようとする、音に過敏になる

40の人気のある品種の不安のタイプ、レベル、および兆候、パート4			
犬種名	不安タイプ	不安レベル	不安の兆候
シーズー	分離不安	低い	過度の吠え、落ち着きのなさ、震え、安心感を求める、分離不安、破壊的行動
シベリアンハスキー	全般性不安、分離不安	高い	過剰な逃亡の試み、破壊的な行動、遠吠え、ペーシング、落ち着きのなさ、穴を掘る、自傷行為、逃げようとする、過覚醒
スタッフォードシャー・ブル・テリア	全般的な不安	高い	攻撃性、過剰な喘ぎ、落ち着きのなさ、破壊的行動、分離不安、音に対する過敏症
ヴォルピノイタリアーノ	分離不安	低い	過度の泣き言、吠え、破壊行為（物や家具を噛む）、しがみつく、ペースを合わせる、逃げようとする
ウェルシュ・スプリンガー・スパニエル	一般的な不安	低い	過剰に吠える、泣き言を言う、落ち着きのなさ、強迫的行動（尻尾を追いかける、足をなめる）、分離不安、常に注目を求める
ヨークシャーテリア	騒音不安、分離不安	低い	隠れる、過度に吠える、震え、あえぐ、安らぎを求める、落ち着きのなさ、破壊的

私たちの不安レベルは犬によって異なり、遺伝、育て方、周囲の環境などの要因によって影響される可能性があることに留意してください.

表に記載されている兆候は一般的な兆候にすぎず、犬種のすべての犬に当てはまるわけではありません.だからこそ、愛情深い飼い主にとって、獣医師や専門の行動学者に相談することが非常に重要です.彼らは徹底的な評価を提供し、私たちの固有のニーズに合わせたカスタマイズされたガイダンスを提供してくれます.彼らの助けがあれば、私たちは自分の不安をよりよく理解し、対処できるようになり、より幸せで前向きな生活につながるでしょう.

40の人気のある品種の不安の兆候と根本原因、パート1		
繁殖	不安の兆候	根本的な原因
アラスカンマラミュート	過度の遠吠えや泣き言、破壊的な行動	分離不安、精神的刺激の欠如
オーストラリアン・キャトル・ドッグ	多動、落ち着きのなさ、つまみ食いまたは群れ行動	身体的および精神的な運動不足、退屈
オーストラリアン シェパード	過度の吠え、強迫行為、落ち着きのなさ	精神的刺激の欠如、分離不安
ビーグル	過剰に吠えたり、穴を掘ったり、逃げたりする行動	退屈、精神的および肉体的な運動不足
ベルギーマリノア	過度の警戒心、多動、攻撃性	精神的および肉体的な運動不足、不安
バーニーズ・マウンテン・ドッグ	過度のよだれ、破壊的行動、離脱症状	分離不安、大きな音への恐怖
ビションフリーゼ	過剰吠え、分離不安、震え	分離不安、一人になることへの恐怖
ボーダーコリー	強迫的な行動、群れを作る傾向、ペース配分	精神的刺激の欠如、群れの本能
ボストンテリア	多動、破壊的な咀嚼、過剰な舐め	退屈、分離不安
ボクサー	人に飛びつく、過度の遊び心、落ち着きのなさ	運動不足、分離不安
ブルターニュ	緊張、分離不安、破壊的行動	精神的な刺激の欠如、一人になることへの恐怖
ブルドッグ(英語/フランス語)	激しい喘ぎ、過度のよだれ、回避行動	特定の状況に対する恐怖、呼吸器系の問題
カネコルソ	攻撃的な行動、警戒傾向、多動	社交性の欠如、不安
ウェルシュ・コーギー・カーディガン	恐怖行動、過剰吠え、分離不安	社交性の欠如、一人になることへの恐怖
キャバリア・キング・チャールズ・スパニエル	内気、従順な行動、隠れたり縮こまったりする	社交性の欠如、新しい環境への恐怖
チワワ	過度の吠え、震えまたは震え、攻撃性	見知らぬ人への恐怖、恐怖に基づく攻撃性
コッカースパニエル	過剰な舐め、分離不安、恐怖心	分離不安、見捨てられることへの恐怖
ダックスフント	過度に吠える、隠れたり穴を掘ったりする、攻撃的になる	恐怖に基づく攻撃性、社交性の欠如
ドーベルマンピンシャー	過剰警戒、防御行動、攻撃性	社交性の欠如、恐怖に基づく攻撃性
イングリッシュコッカースパニエル	従順な排尿、分離不安、恐怖症	分離不安、罰への恐怖
イングリッシュセッター	分離不安、破壊的行動、落ち着きのなさ	精神的および肉体的な運動不足、退屈

40の人気のある品種の不安の兆候と根本原因、パート2		
繁殖	不安の兆候	根本的な原因
ジャーマンシェパード	過度の吠え、ペーシング、過度の警戒心	精神的および肉体的な運動不足、不安
ゴールデンレトリバー	過度の咀嚼、注意を求める行動	分離不安、精神的刺激の欠如
グレートデーン	内気、恐怖心、分離不安	社交性の欠如、新しい環境への恐怖
ラブラドール・レトリバー	過度の咀嚼、多動、落ち着きのなさ	精神的および肉体的な運動不足、退屈
レオンベルガー	分離不安、しがみつく行動、破壊的な咀嚼	精神的な刺激の欠如、一人になることへの恐怖
マルタ語	過度に吠える、震えたり震えたり、隠れたりする	分離不安、新しい環境への恐怖
ミニチュアシュナウザー	見知らぬ人に対する攻撃性、過剰な吠え	見知らぬ人への恐怖、恐怖に基づく攻撃性
ノルウェーエルクハウンド	破壊的な行動、過度の遠吠えや吠え	分離不安、退屈
プードル（スタンダード/ミニ/トイ）	しがみつき、分離不安、落ち着きのなさ	精神的な刺激の欠如、一人になることへの恐怖
ポーチュギーズ・ウォーター・ドッグ	過度の吠え、破壊的行動、多動	精神的および肉体的な運動不足、退屈
パグ	激しい喘ぎ、喘鳴、呼吸困難	呼吸器系の問題、分離不安
ロットワイラー	攻撃的な行動、警戒傾向、恐怖心	社交性の欠如、恐怖に基づく攻撃性
柴犬	恐怖行動、見知らぬ人に対する攻撃性	見知らぬ人への恐怖、恐怖に基づく攻撃性
シーズー	過剰吠え、分離不安、しがみつき	分離不安、一人になることへの恐怖
シベリアンハスキー	過度の遠吠え、破壊的行動、現実逃避	退屈、分離不安
スタッフォードシャー・ブル・テリア	他の犬に対する攻撃性、多動性	恐怖に基づく攻撃性、社交性の欠如
ヴォルピノ イタリアーノ	過度の吠え、落ち着きのなさ、破壊的な行動	分離不安、一人になることへの恐怖
ウェルシュ・スプリンガー・スパニエル	恐怖行動、分離不安、過剰な舐め	社交性の欠如、一人になることへの恐怖
ヨークシャーテリア	過度の吠え、恥ずかしがり屋、攻撃性	恐怖に基づく攻撃性、社交性の欠如

この表は一般的な情報を提供するものであり、犬によっては不安の兆候や根本原因が異なる場合があることに注意してください.あなたの犬が不安を感じていると思われる場合は、獣医師または専門の犬行動学者に相談して、総合的な評価と個別の指導を受けることが重要です

40の人気品種の衛生詳細

40 人気の品種の衛生詳細、パート I							
繁殖	グルーミングのニーズ	コートタイプ	脱落レベル	頻度	ブラッシング	入浴	トリミング
アラスカンマラミュート	高い	ダブル	高い	通常	毎日	毎月	時々
オーストラリアン・キャトル・ドッグ	低い	短い	適度	通常	毎週	毎月	必要に応じて
オーストラリアン シェパード	適度	ミディアム/ロング	適度	通常	毎週	毎月	時々
ビーグル	低い	短い	低い	通常	毎週	毎月	必要に応じて
ベルギーマリノア	適度	短い	適度	通常	毎週	毎月	必要に応じて
バーニーズ・マウンテン・ドッグ	高い	長さ	高い	通常	毎日	毎月	時々
ビションフリーゼ	高い	縮れた	低い	通常	毎日	毎月	定期的に
ボーダーコリー	適度	ミディアム/ロング	適度	通常	毎週	毎月	時々
ボストンテリア	低い	短い	低い	通常	毎週	毎月	必要に応じて
ボクサー	低い	短い	低い	通常	毎週	毎月	必要に応じて
ブルターニュ	適度	中くらい	適度	通常	毎週	毎月	時々
ブルドッグ（英語/フランス語）	低い	短い	低い	通常	毎週	毎月	必要に応じて
カネコルソ	低い	短い	低い	通常	毎週	毎月	必要に応じて
ウェルシュ・コーギー・カーディガン	適度	中くらい	適度	通常	毎週	毎月	時々
キャバリア・キング・チャールズ・スパニエル	適度	ミディアム/ロング	適度	通常	毎週	毎月	時々
チワワ	低い	短い	低い	通常	毎週	毎月	必要に応じて
コッカースパニエル	高い	ミディアム/ロング	高い	通常	毎日	毎月	定期的に
ダックスフント	低い	短い	低い	通常	毎週	毎月	必要に応じて
ドーベルマンピンシャー	低い	短い	低い	通常	毎週	毎月	必要に応じて
イングリッシュコッカースパニエル	高い	ミディアム/ロング	高い	通常	毎日	毎月	定期的に

40 人気の品種の衛生詳細、パート I I							
繁殖	グルーミングのニーズ	コートタイプ	脱落レベル	頻度	ブラッシング	入浴	トリミング
イングリッシュセッター	高い	長さ	高い	通常	毎日	毎月	定期的に
ジャーマンシェパード	適度	ミディアム/ロング	適度	通常	毎週	毎月	時々
ゴールデンレトリバー	高い	長さ	高い	通常	毎日	毎月	時々
グレートデーン	低い	短い	低い	通常	毎週	毎月	必要に応じて
ラブラドール・レトリバー	低い	短い	低い	通常	毎週	毎月	必要に応じて
レオンベルガー	高い	長さ	高い	通常	毎日	毎月	時々
マルタ語	高い	長さ	低い	通常	毎日	毎月	定期的に
ミニチュアシュナウザー	高い	ワイヤーヘア	低い	通常	毎日	毎月	定期的に
ノルウェーエルクハウンド	適度	短い	適度	通常	毎週	毎月	必要に応じて
プードル（スタンダード/ミニ/トイ）	高い	縮れた	低い	通常	毎日	毎月	定期的に
ポーチュギーズ・ウォーター・ドッグ	高い	縮れた	低い	通常	毎日	毎月	定期的に
パグ	低い	短い	低い	通常	毎日	毎月	必要に応じて
ロットワイラー	低い	短い	低い	通常	毎週	毎月	必要に応じて
柴犬	適度	ダブル	適度	通常	毎週	毎月	必要に応じて
シーズー	高い	長さ	低い	通常	毎日	毎月	定期的に
シベリアンハスキー	適度	中くらい	高い	通常	毎週	毎月	時々
スタッフォードシャー・ブル・テリア	低い	短い	低い	通常	毎週	毎月	必要に応じて
ヴォルピノ イタリアーノ	適度	ダブル	適度	通常	毎週	毎月	必要に応じて
ウェルシュ・スプリンガー・スパニエル	適度	ミディアム/ロング	適度	通常	毎週	毎月	時々
ヨークシャーテリア	高い	長さ	低い	通常	毎日	毎月	定期的に

この表は一般的な概要を示したものであり、犬によっては特定のグルーミングのニーズが異なる場合があることに注意してください.犬種ごとのグルーミングガイドラインを参照したり、プロのグルーマーに個別のアドバイスを求めたりすることを常にお勧めします.

40 品種のトレーニングの側面、パート 1					
犬種名	トレーニング可能性	知能	運動の必要性	社会化のニーズ	トレーニングのヒント
アラスカンマラミュート	適度	高い	高い	高い	トレーニングでポジティブな強化と一貫性を活用する
オーストラリアン・キャトル・ドッグ	高い	高い	高い	高い	精神的な刺激と定期的な運動を提供する
オーストラリアン シェパード	高い	高い	高い	高い	トレーニングのための精神的および身体的活動に焦点を当てる
ビーグル	適度	適度	適度	高い	ご褒美やおやつをトレーニングのモチベーションに活用する
ベルギーマリノア	高い	高い	高い	高い	エネルギーを構造化されたトレーニング セッションに注ぎ込む
バーニーズ・マウンテン・ドッグ	適度	平均	適度	適度	積極的な強化と穏やかなトレーニング方法を使用する
ビションフリーゼ	適度	高い	適度	高い	トレーニングでポジティブな強化と一貫性を活用する
ボーダーコリー	高い	高い	高い	高い	トレーニング中に精神的および肉体的な課題を提供する
ボストンテリア	適度	平均	適度	適度	トレーニングでポジティブな強化と一貫性を活用する
ボクサー	適度	平均	高い	高い	トレーニングを早期に開始し、ポジティブな強化を活用する
ブルターニュ	高い	平均	高い	高い	トレーニングのための精神的および肉体的な運動を提供する
ブルドッグ (英語/フランス語)	低い	平均	低い	適度	トレーニングでは積極的な強化と忍耐力を使用する
カネコルソ	適度	高い	高い	高い	トレーニングにおいて一貫したルールと境界を確立する

40品種のトレーニングの側面、パート2					
犬種名	トレーニング可能性	知能	運動の必要性	社会化のニーズ	トレーニングチップ
ウェルシュ・コーギー・カーディガン	高い	高い	適度	高い	ポジティブな強化と精神的刺激を使用する
キャバリア・キング・チャールズ・スパニエル	適度	平均	適度	高い	トレーニングで報酬とポジティブな強化を使用する
チワワ	低い	平均	低い	適度	穏やかなトレーニング方法と積極的な強化を使用する
コッカースパニエル	適度	平均	適度	高い	精神的な刺激とポジティブな強化を提供する
ダックスフント	適度	平均	適度	適度	忍耐強く一貫してトレーニングを続ける
ドーベルマンピンシャー	高い	高い	高い	高い	一貫したトレーニングと積極的な強化を提供する
イングリッシュコッカースパニエル	適度	平均	適度	高い	トレーニングでポジティブな強化と一貫性を活用する
イングリッシュセッター	適度	平均	適度	高い	ポジティブな強化と精神的刺激を使用する
ジャーマンシェパード	高い	高い	高い	高い	一貫したトレーニングと精神的刺激を提供する
ゴールデンレトリバー	高い	高い	高い	高い	トレーニングでポジティブな強化と一貫性を活用する
グレートデーン	低い	平均	適度	適度	トレーニングを早期に開始し、穏やかなトレーニング方法を使用してください
ラブラドール・レトリバー	高い	高い	高い	高い	トレーニングでポジティブな強化と一貫性を活用する
レオンベルガー	適度	高い	高い	高い	ポジティブな強化と社会化トレーニングを利用する

40品種のトレーニングの側面、パート3					
犬種名	トレーニング可能性	知能	運動の必要性	社会化のニーズ	トレーニングチップ
マルタ語	適度	平均	低い	高い	ポジティブな強化を使用し、トレーニングでは辛抱強く取り組みましょう
ミニチュアシュナウザー	適度	高い	適度	高い	トレーニングでポジティブな強化と一貫性を活用する
ノルウェーエルクハウンド	適度	平均	高い	高い	トレーニングを早期に開始し、精神的な刺激を与える
プードル（スタンダード/ミニ/トイ）	高い	高い	適度	高い	ポジティブな強化と精神的刺激を使用する
ポーチュギーズ・ウォーター・ドッグ	高い	高い	高い	高い	トレーニングのための精神的および肉体的な運動を提供する
パグ	低い	平均	低い	適度	ポジティブな強化を使用し、トレーニングでは辛抱強く取り組みましょう
ロットワイラー	適度	高い	高い	高い	一貫したリーダーシップと境界線を確立する
柴犬	適度	平均	高い	適度	トレーニングでポジティブな強化と一貫性を活用する
シーズー	低い	平均	低い	適度	トレーニングで報酬とポジティブな強化を使用する
シベリアンハスキー	適度	高い	高い	高い	積極的な強化を使用し、十分な運動を提供します
スタッフォードシャー・ブル・テリア	適度	平均	高い	高い	トレーニングでポジティブな強化と一貫性を活用する
ヴォルピノ イタリアーノ	適度	高い	適度	高い	ポジティブな強化と社会化トレーニングを利用する

40品種のトレーニングの側面、パート4					
犬種名	トレーニング可能性	知能	運動の必要性	社会化のニーズ	トレーニングチップ
ウェルシュ・スプリンガー・スパニエル	高い	平均	高い	高い	トレーニングのための精神的および肉体的な運動を提供する
ヨークシャーテリア	適度	平均	低い	適度	トレーニングでポジティブな強化と一貫性を活用する

しつけのしやすさ、知能、運動の必要性、社会化の必要性、およびしつけのヒントは品種ごとに異なり、個々の犬には独自の特性と要件がある場合があることに注意してください.この表は、飼い主が犬を効果的に訓練するためのガイドとなる一般的な概要を示しています.
親愛なるオーナー、トレーニングは私たち二人にとって楽しくて魅力的な経験でなければならないことも忘れないでください.セッションは短く、インタラクティブで、愛に満ちたものにしてください.

40の人気のある品種 一般的な健康と年齢のデータ、パート1					
繁殖	一般的な健康上の問題/要因	平均寿命	エネルギーレベル	推奨される予防接種	予防医療
アラスカンマラミュート	股関節形成不全、軟骨形成不全、白内障	10～14歳	高い	定期検診	定期的な運動、精神的刺激、関節サプリメント
オーストラリアン・キャトル・ドッグ	股関節形成不全、進行性網膜萎縮症	12～15歳	すごく高い	予防ワクチン接種	定期的な運動、精神的刺激、トレーニング
オーストラリアン シェパード	股関節形成不全、コリー眼異常、てんかん	12～15歳	高い	定期的な獣医ケア	定期的な運動、精神的刺激、服従訓練
ビーグル	椎間板疾患、てんかん	12～15歳	適度	予防ワクチン接種	定期的な運動、精神的刺激、体重管理
ベルギーマリノア	股関節形成不全、進行性網膜萎縮症	10～12年	すごく高い	定期検診	定期的な運動、精神的刺激、服従訓練
バーニーズ・マウンテン・ドッグ	股関節形成不全、肘形成不全、がん	7～10年	適度	予防ワクチン接種	定期的な運動、関節サプリメント、定期的な健康診断
ビションフリーゼ	膝蓋骨脱臼、アレルギー	14～16歳	適度	定期的な獣医ケア	定期的な身だしなみ、歯の衛生状態、適切な栄養補給
ボーダーコリー	股関節形成不全、コリー眼異常、てんかん	12～15歳	すごく高い	予防ワクチン接種	定期的な運動、精神的刺激、服従訓練
ボストンテリア	短頭症候群、膝蓋骨脱臼	11～13歳	適度	定期的な獣医師のケア	定期的な運動、歯科衛生、体重管理
ボクサー	股関節形成不全、ボクサー型心筋症	10～12年	高い	予防ワクチン接種	定期的な運動、精神的な刺激、定期的な健康診断
ブルターニュ	股関節形成不全、てんかん	12～14歳	高い	定期的な獣医ケア	定期的な運動、精神的刺激、服従訓練
ブルドッグ（英語／フランス語）	短頭症症候群、股関節形成不全	8～10年	低から中程度	定期検診	定期的な運動、歯科衛生、体重管理

40の人気のある品種 一般的な健康と年齢のデータ、パート2					
繁殖	一般的な健康上の問題/素因	平均寿命	エネルギーレベル	推奨される予防接種	予防医療
カネコルソ	股関節形成不全、拡張型心筋症	9～12歳	適度	予防ワクチン接種	定期的な運動、精神的な刺激、定期的な健康診断
ウェルシュ・コーギー・カーディガン	進行性網膜萎縮症、椎間板疾患	12～15歳	適度	予防ワクチン接種	定期的な運動、精神的刺激、体重管理
コッカースパニエル	進行性網膜萎縮症、股関節形成不全	12～15歳	適度	予防ワクチン接種	定期的な運動、精神的な刺激、定期的な健康診断
ダックスフント	椎間板疾患、膝蓋骨脱臼	12～16歳	適度	定期的な獣医ケア	定期的な運動、精神的刺激、体重管理
ドーベルマンピンシャー	拡張型心筋症、ワブラー症候群	10～13年	高い	予防ワクチン接種	定期的な運動、精神的刺激、服従訓練
イングリッシュコッカースパニエル	股関節形成不全、進行性網膜萎縮症	12～14歳	適度	定期的な獣医ケア	定期的な運動、精神的な刺激、定期的な健康診断
イングリッシュセッター	股関節形成不全、甲状腺機能低下症	10～12年	適度	予防ワクチン接種	定期的な運動、精神的な刺激、定期的な健康診断
ジャーマンシェパード	股関節形成不全、変性性脊髄症	9～13歳	高い	予防ワクチン接種	定期的な運動、精神的刺激、服従訓練
ゴールデンレトリバー	股関節形成不全、リンパ腫、進行性網膜萎縮症	10～12年	高い	定期的な獣医ケア	定期的な運動、精神的な刺激、定期的な健康診断
グレートデーン	拡張型心筋症、胃拡張捻転	6～8年	低い	予防ワクチン接種	定期的な運動、精神的な刺激、定期的な健康診断
レオンベルガー	股関節形成不全、骨肉腫	8～10年	適度	定期的な獣医師のケア	定期的な運動、精神的刺激、関節サプリメント
マルタ語	膝蓋骨脱臼、門脈大循環シャント	12～15歳	低い	定期的な獣医の診察	定期的な身だしなみ、歯の衛生管理、体重管理

40の人気のある品種 一般的な健康と年齢のデータ、パート3					
繁殖	一般的な健康上の問題/素因	平均寿命	エネルギーレベル	推奨される予防接種	予防医療
ミニチュアシュナウザー	進行性網膜萎縮症、膵炎	12～15歳	適度	予防ワクチン接種	定期的な運動、精神的な刺激、定期的な健康診断
ノルウェーエルクハウンド	股関節形成不全、進行性網膜萎縮症	12～15歳	適度	定期的な獣医ケア	定期的な運動、精神的刺激、体重管理
プードル（スタンダード/ミニ/トイ）	股関節形成不全、進行性網膜萎縮症	10～18歳	高い	予防ワクチン接種	定期的な運動、精神的な刺激、定期的な健康診断
ポーチュギーズ・ウォーター・ドッグ	股関節形成不全、進行性網膜萎縮症	10～14歳	適度	予防ワクチン接種	定期的な運動、精神的な刺激、定期的な健康診断
パグ	短頭症候群、膝蓋骨脱臼	12～15歳	低い	定期的な獣医師のケア	定期的な運動、歯科衛生、体重管理
柴犬	膝蓋骨脱臼、アレルギー	12～15歳	適度	定期検診	定期的な運動、精神的刺激、歯の衛生
シーズー	短頭症候群、膝蓋骨脱臼	10～18歳	低から中程度	定期的な獣医ケア	定期的な身だしなみ、歯の衛生管理、体重管理
シベリアンハスキー	股関節形成不全、進行性網膜萎縮症	12～14歳	高い	予防ワクチン接種	定期的な運動、精神的な刺激、定期的な健康診断
スタッフォードシャー・ブル・テリア	L-2-ヒドロキシグルタル酸尿症、膝蓋骨脱臼	12～14歳	高い	予防ワクチン接種	定期的な運動、精神的な刺激、定期的な健康診断
ヴォルピノイタリアーノ	膝蓋骨脱臼、進行性網膜萎縮症	14～16歳	適度	定期的な獣医ケア	定期的な運動、精神的な刺激、定期的な健康診断

40の人気のある品種 一般的な健康と年齢のデータ、パート4					
繁殖	一般的な健康上の問題/素因	平均寿命	エネルギーレベル	推奨される予防接種	予防医療
ウェルシュ・スプリンガー・スパニエル	股関節形成不全、進行性網膜萎縮症	12～15歳	適度	予防ワクチン接種	定期的な運動、精神的な刺激、定期的な健康診断
ヨークシャーテリア	門脈大循環シャント、気管虚脱	12～15歳	低から中程度	定期的な獣医の診察	定期的な運動、歯科衛生、体重管理

しつけのしやすさ、知能、運動の必要性、社会化の必要性、およびしつけのヒントは品種ごとに異なり、個々の犬には独自の特性と要件がある場合があることに注意してください.この表は、飼い主が犬を効果的に訓練するためのガイドとなる一般的な概要を示しています.

親愛なるオーナー、トレーニングは私たち二人にとって楽しくて魅力的な経験でなければならないことも忘れないでください.セッションは短く、インタラクティブで、愛に満ちたものにしてください.

40の人気のある品種の生理学的データ

40の人気のある品種の生理学的データ、パート1				
繁殖	サイズ	身長(cm)	重量(kg)	コート
アラスカンマラミュート	大きい	61 -66.	男性：38〜50歳 女性：34〜40歳	厚いダブルコート
オーストラリアン・キャトル・ドッグ	中くらい	43 - 51	男性：15〜22歳 女性：14〜20歳	短くて密な被毛
オーストラリアンシェパード	中〜大	4. – 58	男性：25〜32歳 女性：1.〜32歳	ミディアムレングスのダブルコート
ビーグル	小〜中型	33 - 41	41852	短くて滑らかなコート
ベルギーマリノア	中〜大	61 - 66	男性：25〜30歳 女性：22〜25歳	短くて密な被毛
バーニーズ・マウンテン・ドッグ	大きい	58〜70	男性：45〜50歳 女性：38〜50歳	長くて厚いウエーブのかかった被毛
ビションフリーゼ	小〜中型	23〜30	男性: 3-5.5 女性: 3-5	カーリーで密な被毛
ボーダーコリー	中くらい	46 - 53	男性：14〜20歳 女性: 12〜15歳	ミディアムレングスのダブルコート
ボストンテリア	小〜中型	38 - 43	男性：5〜11歳 女性: 4-7	短く滑らかな被毛
ボクサー	中〜大	53 - 63	男性：25〜32歳 女性：22〜29歳	短く滑らかな被毛
ブルターニュ	中くらい	43 - 52	男性：14〜18歳、 女性: 12.5-15.5	ミディアムレングスのウエーブのかかったコート
ブルドッグ(英語/フランス語)	中くらい	31〜40	男性22〜25歳 女性18〜23歳	短く滑らかな被毛
カネコルソ	大きい	64 - 68	男性：45〜50歳 女性：40〜45歳	短くて密な被毛
ウエルシュ・コーギー・カーディガン	小〜中型	25〜31	男性：12〜17歳 女性：11〜15歳	ミディアムレングスの緻密な被毛
キャバリア・キング・チャールズ・スパニエル	小〜中型	30 - 33	男女 5-9	シルキーなロングコート
チワワ	小さな小さな	15〜23	男女 1.5-3	短く滑らかな被毛
コッカースパニエル	中くらい	36 - 41	男性：12〜1.歳 女性: 11〜14歳	ミディアムレングスのシルキーなコート
ダックスフント	小〜中型	13〜23	男女 5-12	短く滑らかな被毛
ドーベルマンピンシャー	大きい	63 - 72	男性：34〜45歳 女性: 27-41歳	短く滑らかな被毛
イングリッシュコッカースパニエル	中くらい	38 - 43	男子：13-1 女性: 12〜15歳	ミディアムレングスのシルキーなコート
イングリッシュセッター	中〜大	61 - 69	男性：25〜3.歳 女性：20〜30代	シルキーなロングコート
ジャーマンシェパード	大きい	55 - 65	男性：30〜40代 女性：22〜32歳	緻密なアンダーコートを持つダブルコート

40の人気のある品種の生理学的データ、パート2				
繁殖	サイズ	身長(cm)	重量(kg)	コート
ゴールデンレトリバー	大きい	51 - 61	男性：29～34歳 女性：25～32歳	緻密な撥水コート
グレートデーン	大型巨人	71～86	男性：54～90歳 女性：45～59歳	短く滑らかな被毛
ラブラドール・レトリバー	大きい	55 - 62	男性：29～3.歳 女性：25～32歳	短くて密な被毛
レオンベルガー	大型巨人	65～80	男性：54～77歳 女性：41～54歳	緻密で耐水性のあるコート
マルタ語	小さな小さな	20 - 25	男性: 5.5-8 女性: 4.5-..5	シルキーなロングコート
ミニチュアシュナウザー	小～中型	30 – 36	男性：5～8歳、女性：4～歳	ワイヤー状トップコートとのダブルコート
ノルウェーエルクハウンド	中くらい	48 – 53	男性：23～28歳 女性: 18 ～ 23歳	緻密なアンダーコートを持つダブルコート
プードル（スタンダード/ミニ/おもちゃ)	小さい、大きい	24～60	標準: 男性: 18-32 女性: 18-27 ミニチュア: 男性: 4-. 女性: 3.5-5 おもちゃ: 男性: 2-4 女性: 2-3	カーリーで低刺激性の被毛
ポーチュギーズ・ウォーター・ドッグ	中～大	43 – 57	男性：19～27歳 女性：1.～23歳	カールした耐水性のコート
パグ	小～中型	25 - 36	男性：.～9歳 女性 5-8	短く滑らかな被毛
ロットワイラー	大きい	5. - .9	男性：50～.0代、 女性：35～48歳	短くて密な被毛
柴犬	中くらい	35 - 43	男性：10～11歳 女性: 8～9歳	ストレートアウターコートのダブルコート
シーズー	小さい	20～28	男性と女性 4-9	流れるようなロングコート
シベリアンハスキー	中～大	50～60	男性：20～28歳 女性：1.～23歳	厚いダブルコート
スタッフォードシャー・ブル・テリア	中くらい	35～40	男性: 13 ～ 17歳 女性: 11 ～ 1.歳	短く滑らかな被毛
ヴォルピノ イタリアーノ	小さい	26～30	男性：4～5人 女子 3-4	緻密なダブルコート
ウエルシュ・スプリンガー・スパニエル	中くらい	46 - 48	男性：20～25歳 女性：1.～20歳	ミディアムレングスのウェーブのかかったコート
ヨークシャーテリア	小さな小さな	17～23	男性と女性 2-3	シルキーなロングコート

提供される情報は一般的なものであり、同じ犬種であっても個々の子犬によって異なる場合があることをご承知おきください.あなたの犬の詳細に合わせた個別のアドバイスについては、獣医師または専門家に相談することが不可欠です.

40の人気品種の知能レベル、パート 1

レベル 1: 最も明るい犬	この層の犬は最も知能が高く、新しいコマンドを 5 回未満の繰り返しで学習できると考えられています.また、新しいコマンドをすぐに理解する傾向があり、コマンドを新しい状況に一般化することができます.
レベル 2: 優秀な使役犬	この層の犬は非常に知能が高く、新しいコマンドを 5 ～ 15 回未満の繰り返しで学習できます.彼らは新しいコマンドをすぐに理解する傾向があり、新しい状況に合わせてコマンドを一般化できます.
レベル 3: 平均以上の使役犬	この層の犬は知能の点で平均以上であると考えられており、15～25回未満の繰り返しで新しいコマンドを学習できます.新しいコマンドを理解するにはさらに繰り返しが必要になるかもしれませんが、それでもコマンドを新しい状況に一般化することができます.
レベル 4: 平均的な使役犬	この層の犬は知能の点で平均的であると考えられており、25 ～ 40 回未満の繰り返しで新しいコマンドを学習できます.新しいコマンドを理解するためにより多くの繰り返しが必要になる場合があり、コマンドを新しい状況に一般化するのが難しい場合があります.
レベル 5: 公正な作業犬	この層の犬は知能の点で公平であると考えられており、40 ～ 80 回未満の繰り返しで新しいコマンドを学習できます.新しいコマンドを理解するのが難しく、習得するためにさらに繰り返しが必要になる場合があります.
レベル 6: 最低レベルの労働	この層の犬は最も知能が低いと考えられており、新しいコマンドを学習したり、理解したり、新しい状況に一般化したりすることが難しい場合があります.新しいコマンドを学習するには、100 回以上の繰り返しが必要になる場合があります

繁殖	1	2	3	4	5	6
アラスカンマラミュート						20%
オーストラリアン牛		85%				
オーストラリアン シェパード		85%				
ビーグル						30%
ベルギーマリノア			30%			
バーニーズ マウンテン					50%	
ビションフリーゼ						25%
ボーダーコリー	95%					
ボストンテリア						40%
ボクサー				50%		
ブルターニュ			30%			
ブルドッグ（英語/フランス語）						40%
カネコルソ						30%
ウェルシュ・コーギー・カーディガン						80%
キャバリア・キング・チャールズ・スパニエル						50%

40の人気品種の知能レベル、パート2						
繁殖	1	2	3	4	5	6
チワワ						30%
コッカースパニエル						30%
ダックスフント						25%
ドーベルマンピンシャー	85%					
イングリッシュコッカースパニエル						50%
イングリッシュセッター						40%
ジャーマンシェパード	95%					
ゴールデンレトリバー	95%					
グレートデーン						25%
ラブラドール・レトリバー				85%		
レオンベルガー						50%
マルタ語						50%
ミニチュアシュナウザー						50%
ノルウェーエルクハウンド						30%
プードル（スタンダード/ミニ/トイ）	95%					
ポルトガルの水						50%
パグ						25%
ロットワイラー				85%		
柴犬						40%
シーズー						70%
シベリアンハスキー					85%	
スタッフォードシャー・ブル・テリア						40%
ヴォルピノイタリアーノ						データなし
ウェルシュ・スプリンガー・スパニエル			50%			
ヨークシャーテリア						30%

知能はさまざまな方法で測定でき、これは特定の基準に基づいた１つのランキングにすぎないことに注意してください.さらに、個々の犬はそれぞれユニークであり、品種に関係なく独自の知性と問題解決能力を発揮する場合があります.

40の人気のある品種の昼寝、散歩、屋内/屋外プロファイル

40 の人気のある品種の昼寝、散歩、屋内/屋外プロファイル、パート 1				
繁殖	睡眠時間	毎日の散歩時間	運動の必要性	屋内/屋外
アラスカンマラミュート	14-16	2-3	高い	アウトドア
オーストラリアン・キャトル・ドッグ	12-14	2-3	高い	アウトドア
オーストラリアン シェパード	12-14	2-3	高い	アウトドア
ビーグル	12-14	1-2	適度	両方
ベルギーマリノア	12-14	2-3	高い	アウトドア
バーニーズ・マウンテン・ドッグ	14-16	2-3	適度	アウトドア
ビションフリーゼ	14-1.	1-2	適度	屋内
ボーダーコリー	12-14	2-3	高い	アウトドア
ボストンテリア	12-14	1-2	適度	両方
ボクサー	12-14	1-2	高い	屋内
ブルターニュ	12-14	2-3	高い	アウトドア
ブルドッグ（英語/フランス語）	14-16	1-2	低い	屋内
カネコルソ	12-14	1-2	適度	両方
ウエルシュ・コーギー・カーディガン	12-14	1-2	適度	屋内
キャバリア・キング・チャールズ・スパニエル	12-14	1-2	適度	屋内
チワワ	14-16	1	低い	屋内
コッカースパニエル	12-14	1-2	適度	両方
ダックスフント	12-14	1-2	適度	両方
ドーベルマンピンシャー	12-14	2-3	高い	アウトドア
イングリッシュコッカースパニエル	12-14	2-3	適度	両方
イングリッシュセッター	12-14	2-3	適度	アウトドア
ジャーマンシェパード	12-14	2-3	高い	アウトドア
ゴールデンレトリバー	12-14	2-3	高い	アウトドア
グレートデーン	14-16	1-2	低い	屋内
ラブラドール・レトリバー	12-14	2-3	高い	アウトドア
レオンベルガー	12-14	2-3	適度	アウトドア
マルタ語	14-16	1-2	低い	屋内
ミニチュアシュナウザー	12-14	1-2	適度	屋内

40 の人気のある品種の昼寝、散歩、屋内/屋外でのプロフィール、パート 2				
繁殖	睡眠時間	毎日の散歩時間	運動の必要性	屋内/屋外
ノルウェーエルクハウンド	12-14	1-2	適度	両方
プードル（スタンダード/ミニ/トイ）	12-14	1-2	適度	屋内
ポーチュギーズ・ウォーター・ドッグ	12-14	2-3	高い	両方
パグ	14-16	1-2	低い	屋内
ロットワイラー	12-14	2-3	高い	アウトドア
柴犬	14-16	1-2	適度	両方
シーズー	14-16	1-2	低い	屋内
シベリアンハスキー	14-16	2-3	高い	アウトドア
スタッフォードシャー・ブル・テリア	12-14	2-3	高い	両方
ヴォルピノ イタリアーノ	12-14	1-2	適度	屋内
ウエルシュ・スプリンガー・スパニエル	12-14	2-3	高い	アウトドア
ヨークシャーテリア	14-16	1-2	低い	屋内

これらは一般的なガイドラインであり、個々の犬の年齢、健康状態、全体的なエネルギーレベルに基づいてニーズが若干異なる場合があることに注意してください.毛皮で覆われた友人の特定の要件を確実に満たすために、必ず獣医師に相談してください.幸せな居眠りと腰振り！

子犬のライフステージの発達

子犬のライフステージ発達表							
年齢（週）	身体的発達	行動の発達	トレーニングのマイルストーン	健康管理	給餌スケジュール	トイレトレーニング	社交化
1-2	目も耳も開いている	餇匐性、限られた移動性	なし	初めての獣医師の診察	母親からの頻繁な授乳	まだ開始されていません	早期に人間の優しい触れ合いに触れること
3-4	歩き始めます	感覚と意識の発達	基本的なコマンドの紹介	予防接種のスケジュールが始まります	柔らかい子犬用フードへの移行	パピーパッドまたは屋外エリアの導入を開始します	他の動物についての優しい紹介
5-6	初めての乳歯が生えてくる	好奇心と探求心	住居侵入訓練が始まります	ワクチン接種を継続する	通常の食事とパピーフード	一貫したトイレトレーニングルーチン	新しい人々とのポジティブな経験
7-8	大人の歯が生え始めます	動きやすさと遊び心が増す	リードと首輪の紹介	定期検診と駆虫	適切な量の予定された食事	トイレトレーニングの一貫性を強化する	さまざまな環境にさらされる
9-12	成長スパート	調整とバランスの改善	高度な服従訓練	避妊・去勢手術の考慮事項	適切な量の予定された食事	トイレトレーニングのスキルを磨く	人間や動物との継続的な交流
13-16	思春期	性的成熟	高度な服従訓練	デンタルケア、ノミ・ダニ予防	適切な量の定期的な食事	トイレトレーニングの一貫性を強化する	新しい経験にさらされ続ける
17-20	完全に発達した身体	行動の成熟と自立	高度なコマンドとテクニック	定期健康診断と予防接種	適切な量の定期的な食事	トイレトレーニングの継続的な強化	積極的な社会的交流を維持する
20歳以上	- 成犬	完全な成熟	高度なトレーニングを継続	定期的な身だしなみと予防ケア	適切な量の定期的な食事	良いトイレ習慣を強化する	継続的な社交化と精神的刺激

この表は、新しい子犬の飼い主が世話と発育の重要な側面を追跡するのに役立つ一般的なタイムラインと一般的なガイドを提供します。ただし、すべての子犬はユニークであり、それぞれの子犬には独自のニーズとバリエーションがある可能性があることに注意することが重要です。子犬の品種、サイズ、健康要件に合わせた具体的なワクチン接種スケジュールや食事の推奨事項については、獣医師に相談してください。

このテーブルは出発点として機能し、子犬の旅は途中でエキサイティングな発見と調整で満たされることを忘れないでください。 幸せで健康な子犬を育てる冒険を楽しんでください!横系!

用語集

ワンワン！私たち犬が喜んで尻尾を振る人気の用語をいくつか紹介しましょう.これらの言葉は、あなたと素晴らしい交流をするための秘密の暗号のようなものです.それで、本の中で気になる単語に出会ったら、「え？」と思ってしまいますか？ – 用語集を開くだけで、その意味がわかります.それはあなたが私たちの言語を学ぶのを助ける私たちの方法のようなものです、そして信じてください、それは私たちの一緒の時間をさらに素晴らしいものにするでしょう！

養子縁組： ホームレスや捨てられた犬を愛情あふれる永遠の家に迎え入れ、幸せになる二度目のチャンスを与える行為.

バックアップ:あなたがこれを言うとき、私は数歩後退する時期が来たことを知っています.

バーク:私たちの領土を守るためであろうと、あなたの注意を引くためであろうと、私たちの声を上げる方法です.

怒って吠える： 私たちがさらに遊び心があり、エネルギーに満ちていると感じているとき、それは私たちが興奮する準備ができていることを知らせる方法です.

お腹を撫でる： 犬のマッサージのように、幸せでとろけるような至福のひとときです.

親友:私たちの心の中で特別な場所を占め、愛、仲間、そして終わりのない冒険を提供してくれる特別な人間です.

Butt Wiggle:ああ、これは面白いですね!前足は動かないまま、後端が小刻みに動きます.それはワッグ前のウォームアップのようなもので、つまり私は喜びで爆発しています.

クロール:卑劣なクロールのように、非常に低い位置で前進する楽しいトリックです.

抱きしめる: 人間に寄り添い、愛と暖かさの絆を生み出す心温まる行為.

下:お腹を下にして横になり、抱っこしたりおやつを与えたりする準備ができていることを意味します.

ゴー・ブープ: そのとき、あなたは私の鼻をそっとたたいたとき、それはちょっとしたこんにちはのようなものです!

良い子/良い子: 私たちが人間から言われるのが大好きな言葉、良い行動を褒めてくれたり、愛されている、感謝されていると感じさせてくれる言葉.

グルーミング:ブラッシング、入浴、トリミングなど、毛皮を清潔に保ち、見栄えを良くするプロセス.

ハッピーヘリコプター:私の尻尾がヘリコプターのローターのように回転しているところを想像してみてください.そう、ハッピーヘリコプターです! それは私がとても興奮しているとき、または何か楽しいことを熱心に待っているときに起こります.

Hide:ああ、かくれんぼゲーム!あなたを見つけるのが大好きです、そしておやつも大好きです!

ハグ:あなたが私を抱きしめるとき、私はあなたの愛と温もりを感じます.

リード: 冒険中に私たちを安全に保ち、人間とのつながりを保ってくれる信頼できる仲間です.

昼寝:私たちのお気に入りの娯楽は、居心地の良い場所で丸くなり、至福の居眠りでバッテリーを充電することです.

神経質なナッジ: 少し自信がなかったり、少し不安になったりすると、尻尾がためらいがちに素早く振ります.これは私なりの言い方ですが、よくわかりませんが、やってみます!

パウ: ハイタッチをしたり、おやつをねだりするのが私のやり方です.

プレイデート:毛皮で覆われた仲間たちとの楽しい集まりで、はしゃいだり、追いかけたり、尻尾を振ったりして楽しい時間を過ごします.

レスキュー:困難または危険な状況から犬を救い、愛、世話、そして永遠の家を提供する英雄的な行為.

ロールオーバー:仰向けになる遊び心のあるコマンド－お腹をさすってみましょう!

スニッフ:私たちの周囲の世界を探索し発見することを可能にする、私たちの超強力な嗅覚.

スナグルバディ:快適さと暖かさを提供して、私たちに寄り添ったり寄り添ったりするのが大好きな毛皮で覆われた友人または人間.

スナグルバディ:快適さと暖かさを提供して、私たちに寄り添ったり寄り添ったりするのが大好きな毛皮で覆われた友人または人間.

尻尾を振る: 尻尾を高く上げて左右に軽く振り、自信とポジティブな雰囲気を誇示します.とても気分がいいです！

しっぽツイスト:しっぽが少し踊って、あなたに会えてどれだけ興奮していて幸せかを示しています.

タッチ:あなたがこれを言うとき、私はあなたの手に鼻を押し付けるのを知っています.

トレーニング:ポジティブな強化を通じて新しいスキルや行動を学習し、行儀が良く従順な仲間になるのを助けるプロセス.

おやつの時間:良い子や女の子になったご褒美として、おいしいおやつをもらえる待ちに待った瞬間.

おやつ: 最高の毛皮で覆われた仲間であることへの究極のご褒美、抗うことのできないおいしい喜び.

獣医:ああ、獣医は私たちの毛むくじゃらの医者です!彼らは私たちの健康と幸福を守ってくれます.健康診断、予防接種、健康上の懸念のために定期的に

獣医師を訪問することが重要です.それらは私たちの健康と幸せを保つのに役立ちます.

ウォグ:

フルボディワッグ:これに備えてください!興奮が抑えられず、全身でワッグパーティーに参加.それは解き放たれる純粋な幸福です!

ハッピー スニッフ ワッグ:ああ、何か魅力的な匂いを嗅いでいるとき、興奮して尻尾を振らずにはいられません.「これはすごい匂いだよ!」と言っているようなものです.探検してみよう!

ゆっくり振る:時々、ゆっくりと注意深く尻尾を振ります.興味はあるけど、時間をかけて理解している、と言っているようです.

微妙に振る:時々、しっぽを少し動かすだけで、優しく振ることがあります.それは私が今満足していて平和であることを示しています.

しっぽを振る: 喜びと幸福の伝説的な表現、愛していると伝える振り.

待ってください:これは重要です.これは、私が一時停止して、次の合図を待つ必要があることを意味します.

散歩:耳に音楽が届くということは、世界を探索し、大好きな人間と一緒に運動できることを意味します.

ウォーキー: 人間と一緒に散歩に出かけ、近所を探索し、新しい香りを嗅ぎ、大自然を楽しむというエキサイティングな冒険.

波:挨拶やさようならを言うために足を上げます.まるでフレンドリーに波を打つように!

ズーミー:家や庭の中を円を描いたりジグザグに走り回ったりする、純粋な喜びとエネルギーの爆発.

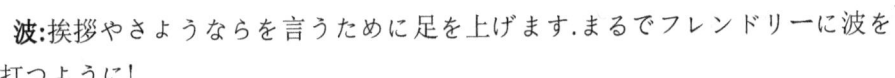

ウェブサイト翻訳ガイドライン

Google 翻訳を使用して Web サイトを他の言語で表示するには、次の手順に従います.

https://translate.google.com.au/

1. **Google 翻訳を開く**: Web ブラウザに移動して「Google 翻訳」を検索するか、translate.google.com に直接アクセスします.次に「ウェブサイト」ボタンをクリックします.

2. **言語を選択してください: 言語の選択**: Google 翻訳ページの左側でソース言語（翻訳したい Web サイトの言語、たとえば英語）を選択し、右側の言語がターゲット言語（Web サイトで使用する言語）を選択します.スペイン語などに翻訳されます）.

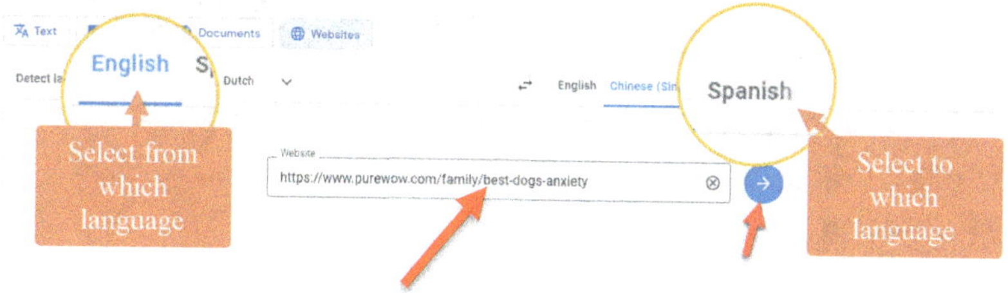

3. **ウェブサイトのURLを入力**: 表示されたボックスに、翻訳する Web サイトの URL を入力します.

4. **ターゲット言語を選択してください:**

デフォルトでは、Google 翻訳はブラウザの設定に基づいてターゲット言語を決定しようとします.

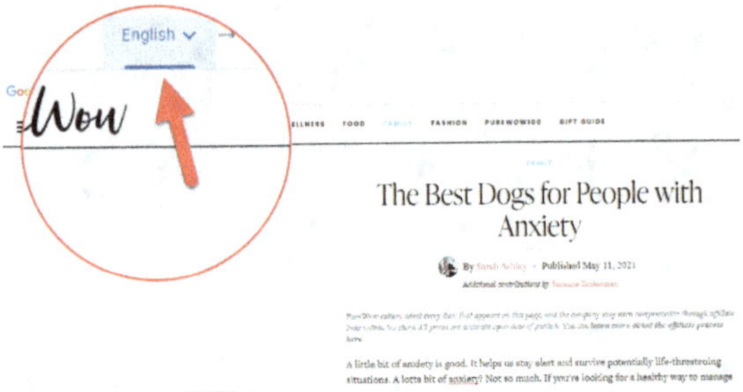

ただし、必要に応じて他の言語（中国語など）を選択することもできます.

5. **翻訳された Web サイトを参照する:** 他の Web ページと同じように、翻訳された Web サイトをナビゲートできるようになりました.特に複雑なコンテンツや特殊なコンテンツの場合、翻訳は完璧ではない可能性がありますが、Web サイトのコンテンツを大まかに理解できるようにする必要があることに留意してください.

6. **オリジナルに切り替える:**デフォルト言語と選択した言語を自由に切り替えてください.ページの右上にある翻訳ボタンをクリックし、「オリジナル」または「翻訳」を選択するだけです.

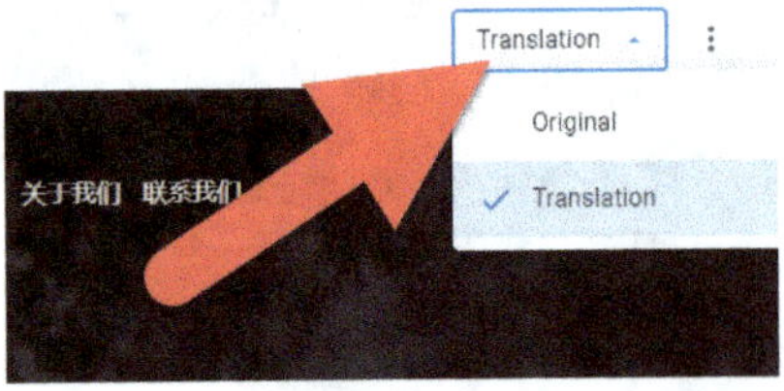

Google 翻訳の形式は時間の経過とともに変更される可能性があることに注意してください.最新の手順にアクセスするには、インターネット ブラウザを使用してオンラインで検索することをお勧めします.

www.ingramcontent.com/pod-product-compliance
Lightning Source LLC
Chambersburg PA
CBHW051426290426
44109CB00016B/1452
* 9 7 8 0 6 4 5 8 9 1 6 7 6 *